Das alte Rathaus zu Münster
Stahlstich von Joh. Poppel nach einer Zeichnung von J. F. Lange

JOSEF BERGENTHAL

MÜNSTER

STECKT VOLLER MERKWÜRDIGKEITEN

GESAMTAUFLAGE über 135000

VERLAG REGENSBERG MÜNSTER

Einband und Umschlag Waldemar Mallek Münster

ISBN 3-7923-0455-4

28. Auflage 1987
Mit über 100 Abbildungen · Gesetzt und gedruckt in der Garamond-Antiqua in der Regensbergschen Buchdruckerei, eingebunden in der Regensbergschen Buchbinderei, Münster (Westf.)

INHALT

MÜNSTER STECKT VOLLER MERKWÜRDIGKEITEN

Der Name dieser Stadt hat feierlichen Klang. Dunkle Stimmen psalmodierender Mönche des Gründungsklosters klingen darin und frohes Friedensgeläute, das von hier der Welt ertönte. Wie fernes Echo ist das grelle Dämonengeschrei der Wiedertäufer verhallt, grollend vorübergezogen auch das Ungewitter berstender Bomben, die krachend Giebel und Gewölbe zertrümmerten und die Fundamente der Stadt erschütterten, als ob kein Stein auf dem andern bleiben sollte. Doch den Schauern der Zerstörung ist nicht der Untergang gefolgt. Der verfinsterte Himmel hellte sich wieder auf. Die zu Boden geschlagene Stadt erhob sich mühsam und erprobte die verbliebene Kraft. Vieles war vernichtet, aber nicht das Leben. Der Menschenschlag lebte noch, der Münster geschaffen hat und nicht zögerte, es wieder aufzubauen.

Nun gehen wir wieder über die alten Straßen und Gassen, über Marktplätze und Festungswälle und stehen nachdenklich vor Wahrzeichen und Bau- und Kunstdenkmälern, vor Ruinen und neuen Gestaltungen. Doch wer dem Wesen dieser Stadt näherkommen will, der muß auch nach ihren nicht vergessenen geschichtlichen Erlebnissen und Schicksalen fragen, muß erkunden, was sie selbst in ihrem Gedächtnis bewahrt an Erinnerungen und Sagen, in denen Wahrheit und Dichtung, geschichtliche Wirklichkeit und Wunschträume der Volksphantasie gemischt sind, muß die Äußerungen der Volksseele in Sitte und Brauch deuten und verstehen und immer bereit sein, auch Dingen, die bescheiden am Wege oder ganz im Verborgenen stehen, Sinn und Bedeutung zuzuerkennen. Wer so mit offenen Augen durch die alte Hauptstadt Westfalens und ihr geschichtliches und gegenwärtiges Leben geht, dem wird es Schritt für Schritt offenkundiger, daß – nach einem Wort Karl Wagenfelds – „die Mauern Münsters manches bergen, was des Merkens würdig ist".

Das unvergeßliche Bild der Erinnerung an das schöne alte Münster.
So bot sich die türmereiche Stadt vom Aegidiiwall dem Auge dar.

Im Bombenhagel sind die ergrauten Häuserviertel zusammengestürzt.
Die standfesten Türme aber haben das große Ungewitter überdauert.

Sankt Liudger / Schnitzarbeit am Geschränk des Friedenssaales (S. 30)

LIUDGER DER GRÜNDER

Spärlich ist die Kunde, die aus grauer Vorzeit über Münster auf uns gekommen ist. Als um die Zeitenwende die Römer in den Raum zwischen Rhein und Weser eindrangen, aber von den Germanen besiegt und zurückgeschlagen wurden, ist wohl von den tapferen Brukterern, die das heutige Münsterland bewohnten, die Rede, nicht aber von einem Ort, in dem man das spätere Münster erkennen könnte. Fast acht Jahrhunderte gingen noch ins Land, bis Mimigernaford an der Aa im Sachsenlande in das Licht der Geschichte trat. Das war zur Zeit der dreißigjährigen Auseinandersetzung zwischen Franken und Sachsen, zwischen Karl dem Großen und Widukind. Es ging in diesem weltgeschichtlichen Kampf um die Christianisierung Sachsens und seine Eingliederung in das abendländische Reich Karls des Großen. Das Sachsenland war damals schwieriges, ja, gefährliches Land. Ringsum hatten die christlichen Boten bereits den Glauben für ihre Botschaft des Heils zu wecken vermocht – bei den Franken, den Hessen und sogar bei den Friesen. Nur die Sachsen lehnten noch ab. Zu ihnen entsandte Karl der Große den Friesen Liudger als Missionar. Liudger hat das westliche Sachsenland dem Christentum gewonnen, so daß sein Missionssprengel 805 zum Bistum erhoben und er selbst zum Bischof geweiht wurde. Er war ein Friese aus vornehmem Geschlecht und muß eine große Persönlichkeit gewesen sein. Zu seinen Lebzeiten und nach seinem Tode gingen starke Wirkungen von ihm aus. Ein Kranz von Legenden umrankt seine Gestalt. Als Kirchengründer und Namenspatron lebt er fort bis in unsere Gegenwart. Er steht als erster Bischof am Eingang der Geschichte des Bistums und der Stadt. Seine wichtigste Gründung ist die Domkirche zu Münster mit der Domschule, dem heutigen Paulinum, das sich rühmt, das älteste Gymnasium Deutschlands zu sein.

DIE BISCHOFSBURG

Liudger hatte seine Missionszentrale auf dem Horsteberg in der alten Siedlung Mimigernaford gegründet. Man nannte sie Monasterium, d. h. wörtlich Kloster. Daraus ist allmählich der Name Münster geworden, während der alte Name mehr und mehr vergessen wurde. Liudger umgab die christliche Missionsniederlassung, zu der die Domkirche, Wohnungen der Kleriker und Wirtschaftsgebäude gehört haben werden, mit einem schützenden

Wall und Graben. Noch heute zeichnet sich der Dombezirk als Keimzelle der Stadt ab. Er ist erkennbar an dem Straßenrund, das ihn im Zuge der früheren Umwallung umschließt und über Rothenburg, Prinzipalmarkt, Roggenmarkt, Bogenstraße, Spiekerhof verläuft. Auch die vier Zugänge zur Bischofsburg sind noch da, die ehemaligen Burgtore: Spiegelturm, Horsteberg, Michaelistor und Pferdegasse.

DER FESTUNGSWALL

Rund um diese Bischofsburg siedelten sich im Laufe von drei Jahrhunderten mehr und mehr Bauern, Handwerker und Kaufleute an. Die Bischöfe aber spielten eine bedeutsame Rolle in der Politik. Mehrere von ihnen waren Kanzler des Reiches, und Könige und Kaiser kamen zu Besuch. Im Jahre 1121 aber eroberte der Herzog Lothar von Supplinburg Münster. Bürgersiedlung, Bischofsburg und Dom wurden durch Feuer schwer verwüstet. Da hielt es der Bischof für angebracht, nicht länger nur den Dombezirk, sondern die ganze Siedlung durch Wall und Graben zu schützen. So erhielt Münster in der Mitte des 12. Jahrhunderts den ersten Festungswall. Ein breiter Wassergraben wurde in weitem Bogen um die Stadt gezogen, die Erde zur Stadtseite hin zu einem Wall aufgeworfen und eine feste Mauer mit sechs Wehrtürmen und elf Toren darauf gebaut. Wieder drei Jahrhunderte später, als in der Soester Fehde ein Heer böhmischer Söldner drohend gegen Soest und seine Verbündeten anrückte, wurden Wall und Graben weiter befestigt. Die Wiedertäufer haben dann den doppelten Festungswall mit seinen vielen Türmen und Toren, Schanzen und Rundells bis zur Vollendung ausgebaut, so daß die Stadt als uneinnehmbar galt. Doch im Siebenjährigen Kriege war sie es nicht mehr. Der fürstbischöfliche Minister Freiherr von Fürstenberg zögerte nicht, die Folgerungen aus dieser Erfahrung zu ziehen: Er ließ die Tore öffnen und die mittelalterlichen Festungswerke schleifen. Den äußeren Erdwall aber verwandelte er in eine Promenade, die mit einem Lindenkranz die ganze Stadt umschließt.

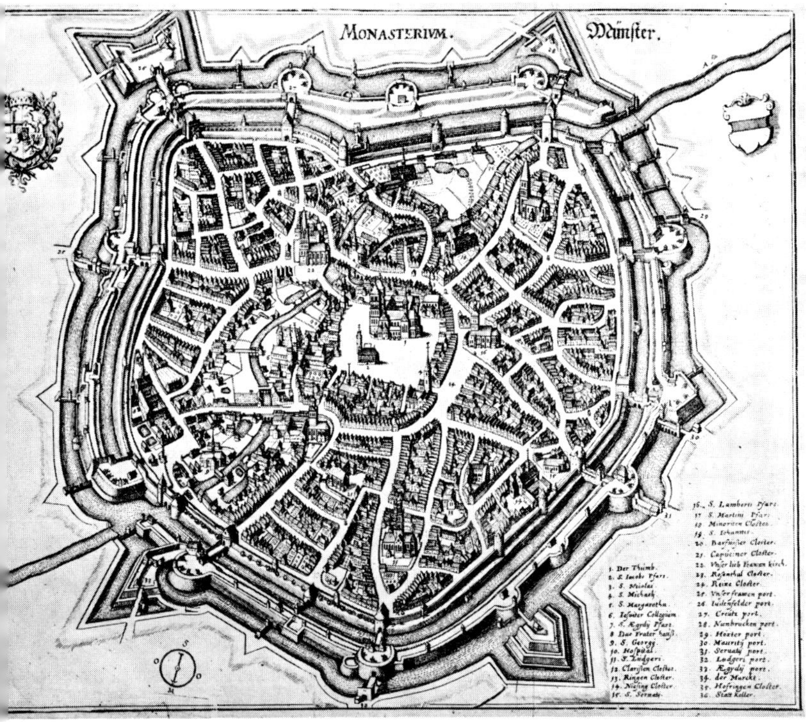

Die mittelalterliche Stadt im Schutze ihrer Festungswerke / In der Mitte die Bischofsburg, die Dom-Immunität / Nach Merians Plan der Stadt Münster in der Topographia Westphaliae

DER BUDDENTURM

Von der ersten großen Stadtbefestigung aus der Zeit um 1200 ist nur der Buddenturm erhalten geblieben. Er reckt sich ungefähr an der Stelle empor, wo in der denkwürdigen Johannisnacht des Jahres 1535 die Belagerer in die wiedertäuferische Stadt eindrangen. In seiner langen Geschichte hat er manchen Sturm erlebt und überstanden. Wir wissen nicht viel von dem, was sich in seinen dunklen, verschwiegenen Verließen zugetragen haben mag. Während ursprünglich Soldaten von diesem Turm aus die Stadt bewacht und verteidigt haben, sind sie in späterer Zeit in ihn eingesperrt worden. „Rotgehäubter Satan" haben sie ihn darum genannt. „O Buddenturm, bewahre uns vor dir“, so heißt es in einer alten Soldatenlitanei. Der Volksmund wußte von ihm unheimliche Dinge zu erzählen. Sogar eine grausame Foltereinrichtung vermutete man hinter den dicken Mauern: eine „Eiserne Jungfrau“ sollte sich darin befinden, die den Verurteilten mit Messern und Dolchen blutig umarmte, um den armen Sünder dann in tiefes Wasser stürzen zu lassen. Es ist gut, daß eine so grausige Phantasie nur ein erfundenes Märchen ist. Der Buddenturm trägt heute wieder wie in alten Festungszeiten ein Kegeldach mit roten Pfannen und einer Wetterfahne mit dem Drachentöter Sankt Georg.

DER PRINZIPALMARKT

Bis in jene Zeiten der Stadtwerdung reicht die Ahnenreihe der stolzen Kaufhäuser am Prinzipalmarkt zurück. Als im 12. Jahrhundert die Siedlung um die Bischofsburg durch einen starken Festungsgürtel geschützt war, konnte der Bischof die Befestigung des engeren Dombezirks aufgeben, und er überließ die äußere Hälfte des bisherigen Festungsgrabens um die Bischofsburg zwischen Michaelistor und Horsteberg in schmalen Parzellen den Bürgern. Schmal sind die Häuser am Prinzipalmarkt bis auf den heutigen Tag geblieben. Es wird nicht lange gedauert haben, bis hier ein Verkaufsstand neben dem anderen errichtet wurde und die Märkte Prinzipalmarkt und Roggenmarkt Bedeutung gewannen. Vor allem war man hier dem Domplatz nahe, auf dem der Sendmarkt entstanden war. Die Prinzipalmarkt-Kaufleute sind ja die ursprünglichen Send-Kaufleute gewesen. Ihre Verkaufsstände und Markthallen haben sich im Laufe der Zeit in die einzigartigen Bogen- und Giebelhäuser am Prinzipalmarkt, Roggenmarkt und an der Bogenstraße verwandelt. Die Baustile eines halben Jahrtausends klangen in der stattlichen Reihe dieser Häuserfronten zu einem vielstimmigen Chor zusammen. Viele Generationen hatten nacheinander und doch gemeinsam dieses städtebauliche Kleinod geschaffen, das nicht seinesgleichen hatte. Das gute Beispiel der

Der Buddenturm / Aus der ersten großen Stadtbefestigung um 1200

Das altvertraute Bild der Bogen- und Giebelhäuser am Prinzipalmarkt

alten Zeit wirkt nach bis in unsere Gegenwart: Der Prinzipalmarkt war zwar dem Bombenkrieg zum Opfer gefallen, aber in überraschender Lebenskraft ist er wiedererstanden, festhaltend an dem Grundsatz dämmeriger Bogengänge und hoher Giebelfronten, im übrigen aber gestaltet aus der Baugesinnung unserer Zeit. Den künstlerischen Formenreichtum des alten Prinzipalmarktes kann der neue nicht haben. Der alte war entstanden in Jahrhunderten, der neue in einem einzigen Jahrzehnt.

Der neuerstandene Prinzipalmarkt in festlicher Beleuchtung

Im Schnittpunkt der drei Märkte Prinzipalmarkt, Roggenmarkt, Alter Fischmarkt erhebt sich beherrschend die Stadt- und Marktkirche Sankt Lamberti. In dieser Kirche, „dem weithin alles überstrahlenden Haupt- und Paradestück der westfälischen Spätgotik überhaupt“ (Martin Wackernagel), hat das westfälische Raumgefühl im Hallenkirchenbau gültigen Ausdruck gefunden. Die romanische Basilika mit ihren niedrigen Seitenschiffen scheint den westfälischen Baumeistern zu engräumig und bedrückend gewesen zu sein. Schon von etwa 1200 an gehen sie dazu über, die Seitenschiffe so hoch wie das Mittelschiff zu bauen, auf eine räumliche Trennung der Schiffe zu verzichten und das Licht für den ganzen Raum durch große Seitenfenster fallen zu lassen. Die Kirche wird als große einheitliche Halle empfunden. Diese Bauform erinnert sowohl an die altgermanische Halle wie an das westfälische Bauernhaus (den Vierständerbau mit großem Deelenraum). Die Hallenkirche ist zuerst in Westfalen entwickelt worden. Die Lambertikirche gehört zu den besten Gestaltungen dieses Baugedankens. Wer sie betritt, fühlt sich von der Weite und Lichterfülltheit des Raumes umfangen und empfindet einen unsagbaren Wohlklang, der das Geheimnis dieser künstlerischen Raumgestaltung ist. Die Stadt- und Marktkirche wurde in jenen reichen Hansezeiten erbaut (1375), als die Bürger zu Wohlstand gekommen waren und den Prinzipalmarkt errichten konnten. Im selben Jahrhundert ist auch das Rathaus entstanden. Nach dem Ausbruch der Französischen Revolution wurde die Lambertikirche ein bevorzugtes Refugium französischer Würdenträger. Nicht weniger als sechzehn Bischöfe, Erzbischöfe und Kardinäle waren aus Frankreich nach Münster geflohen. Und an jedem Donnerstag las ein französischer Bischof eine Messe in der Lambertikirche. Ein berühmter französischer Marschall, der Herzog v. Broglie, der im Siebenjährigen Kriege in Westfalen Krieg geführt hatte, fand vor dem Hauptchor seine letzte Ruhestätte.

Stadt- und Marktkirche St. Lamberti am Prinzipalmarkt

In der Reihe der hochgiebeligen Bogenhäuser des Prinzipalmarktes steht als schönstes Beispiel dieser Art das unvergleichliche Rathaus. Ein Dichter müßte sein Antlitz, diese vollendete Harmonie einer gotischen Bauschöpfung, besingen. Ohne Mühe und Schwere löst es sich vom Boden und stellt sich mit sicherer Kraft hin, mit gemessenem Schwung steigt es kerzengerade und kühn an Pilastern und Steinbändern empor und klingt aus im spielerischen Formenwerk figurengeschmückter Fialen. Der gotische Stilwille hat hier eine seiner edelsten Blüten in Deutschland getrieben. Wer dieses Baudenkmal geschaffen hat, und wann es entstanden ist, wissen wir nicht genau. Aber durch mehr als sechs Jahrhunderte war es mit seiner ewig gültigen Formenschönheit der kostbarste Schmuck, die wertvollste Zier der alten Stadt. Jede Generation hat bewundernd vor ihm gestanden. In den bewegten Wiedertäuferjahren war es schon einmal in Gefahr zertrümmert zu werden. Als der wackere Schmied Möllenhecke mit 200 Bürgern die Einführung der Vielweiberei verhindern wollte und dabei mit der Schar seiner Getreuen in arge Bedrängnis geriet, zog er sich ins Rathaus zurück und verschanzte sich in ihm. Da brachten die Wiedertäufer Geschütze auf dem Michaelisplatz in Stellung. Als ihre Rohre drohend gegen das Rathaus gerichtet wurden, hielt es Möllenhecke, bevor die erste Kanonenkugel abgefeuert wurde, für besser, mit seinem Hute aus einem Fenster zu winken und sich zu ergeben. Er rettete damit sich und seinen Gefährten nicht das Leben – aber er rettete das Rathaus. Unversehrt ist es auch durch den Dreißigjährigen Krieg und andere, für Münster bedrohlichere Zeiten gekommen. Der Bombenkrieg aber, der blindlings und ohne Wahl zerstörte, hat es nicht verschont. Am Nachmittag des 28. Oktober 1944 brannte es lichterloh. Als es dunkel wurde, knickte die Giebelfront ein und stürzte auf den Prinzipalmarkt. Zehn Jahre später aber war die gotische Partitur eines genialen Baumeisters zum zweitenmal aufgeführt.

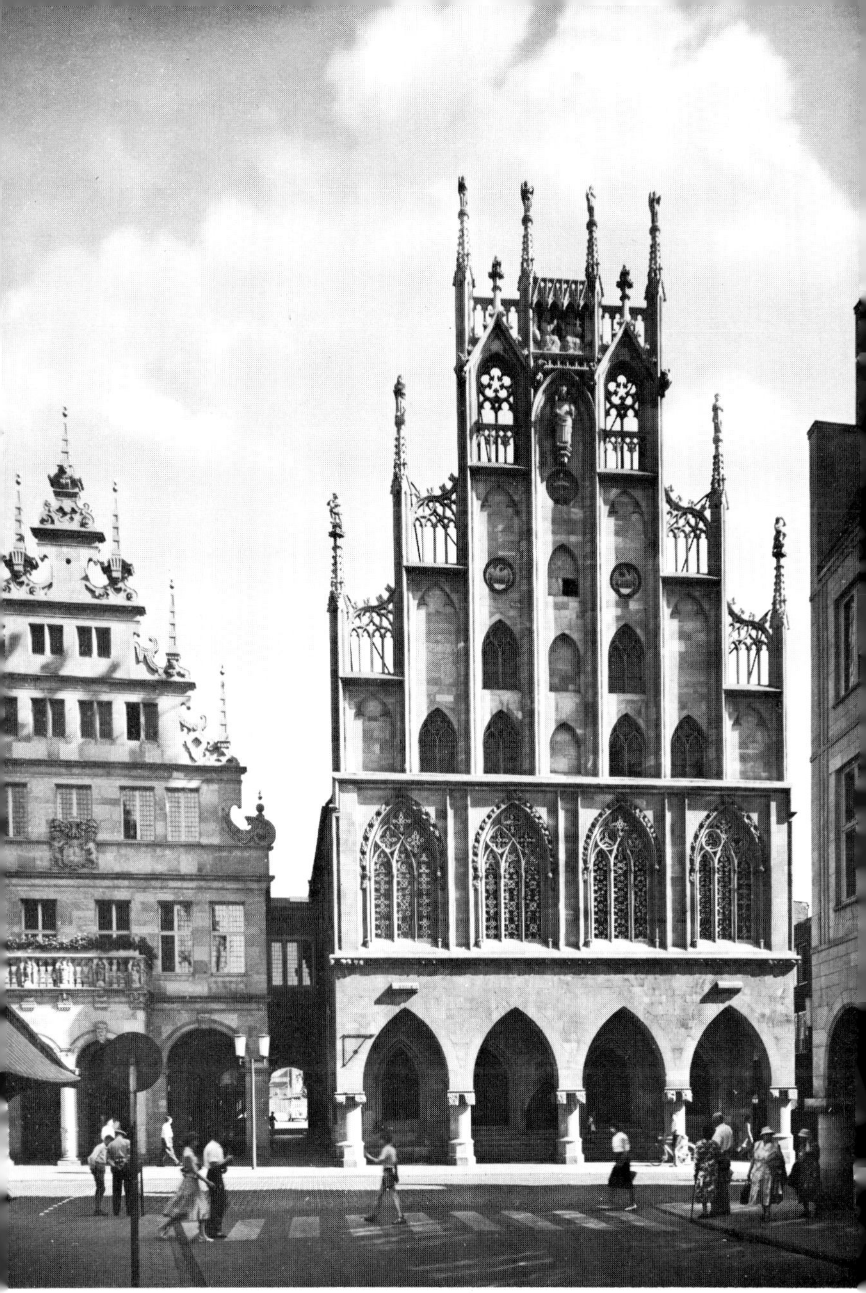

Das wiederhergestellte Rathaus mit dem Stadtweinhaus

Das Rathaus zu Münster könnte von geschichtlichen Ereignissen erzählen. Im Dreißigjährigen Kriege war Münster die Ehre zugedacht, der Völkertagung jener Zeit, die Europa den Frieden bringen sollte, eine gastliche Stätte zu bieten. Ganz Europa befand sich im Kriegszustand, Westfalen im besonderen hatte viel zu leiden, Münster aber wurde im Jahre 1643 zur Friedensstadt erklärt, die neutral und für alle Kriegführenden unantastbar sein sollte. Mehr als hundert Gesandte der kriegführenden Staaten zogen mit großem Gefolge und auf feierlich umständliche Diplomatenweise nach Münster (und nach Osnabrück), um in langen und schwierigen Verhandlungen die „Jahre der Verwüstung, des Raubes, des Elends“ zu beenden und eine neue politische Ordnung Europas zu schaffen. Aus allen Ländern fanden sie sich ein, aus Schweden und den Niederlanden, aus Frankreich und Spanien, vom kaiserlichen und vom päpstlichen Hofe und von den Residenzen der deutschen Fürsten und Potentaten, die längst eigene Politik auf Kosten des Kaisers zu machen angefangen hatten. Fünf Jahre haben sie beraten und verhandelt. Sie waren des Friedens wegen geschickt, hatten aber untereinander viel Zank und Streit. „Die Hölle muß leer sein“, schrieb der mantuanische Gesandte, „denn die Teufel sind alle in Münster.“ Die Friedenssehnsucht der Welt war während dieser Zeit auf Münster gerichtet. Endlich im Mai 1648 kam der Spanisch-Holländische Teilfriede zustande, dem der allgemeine Friedensschluß bald folgen sollte. Am 25. Oktober 1648 konnten die Kanonen auf den Festungswällen, die in dieser kriegerischen Zeit solange geschwiegen hatten, den Frieden grüßen. Die Glocken von Münster und Osnabrück läuteten ihn ein, und ein künstlerisches Flugblatt trug als „Freud- und Friedenbringender Postreuter“ die sehnlichst erwartete Zeitung ins Reich hinaus. Freude schwellte das Herz und hob die Stimmung. Dem Künstler und Holzschneider gesellte sich der Dichter. Er gab dem Postreiter die frohe Botschaft in Versen mit:

Neuer

Auß Münster vom 25. deß Weinmonats im Jahr 1648. abgefertigter Freud- vnd Friedenbringender Postreuter.

Ich komm von Münster her gleich Spornstreich ge-

…ge gute Post und neue Friedenszeit/
…den ist gemacht/ gewendet alles Leid.
…st ihn freudig auß mit hellen Feldtrommeten/
…lpaucken Hall/ mit klaren Feld-Claretten.
…ur fleugt in der Lufft/ und auch der Friede Jo/
Münster/Oßnabrugg vnd alle Welt ist froh/
…ken thönen starck/ die Orgeln lieblich klingen/
… Gott wir loben dich/ die frohen Leute singen.
…cke donneren und sausen in der Lufft/
…en fliegen schön/ und alles jauchzend rufft:
…chste sey gelobt/ der Friede ist getroffen/
…at männiglich ein besser Jahr zu hoffen/
…ster und das Buch/ der Rahtherr und das Schwerdt/
…er und der Pflug/ der Ochse und das Pferd.

…chen werden fort in voller Blüte stehen/
…ird zum Hauß deß HErrn in vollen Sprüngen gehen/
…n Gottes Wort; Kunst wird seyn hochgeacht/
…nd wird studiern bey Tag und auch bey Nacht/
…rd deß HErren Ruhm auff Psälter und auff Seiten/
…en und in West/ in Sud und Nord außbreiten:
…e und Paris/ die Donau und ihr Wien/
…bt und sein Stockholm sind friedlich/ frisch und grün.

…friede kömt Gott lob mit schnellem Flug geflogen/
…komt alles Glück und Segen eingezogen/
…get Friedenspost und güldene Friedens Zeit/
…eg ist nun gestillt/ gewendet alles Leid.
…Bogen/ Schild und Schwerdt/ und Lantzen sind zerschmissen/
…gkeit und Fried sich miteinander küssen/
…ars der Landsknechts Gott/ die Oberherrschafft hat
…cher Lasterschwarm/ und Tugend hat nicht stadt.
…freuet/ freuet Euch ihr hohen Potentaten/
… die ihr müst den grossen Städten rahten/

Fortan wird Land und Sand und Dörffer nehmen zu/
und Herr und Knecht wird sein in angenehmer Rhu.
Es werden Fürsten nicht in Cantzeleyen schwitzen/
der Raht nicht in die Nacht mit schweren Sorgen sitzen/
und dencken/ wo doch Raht wol herzunehmen sey/
damit beteubet werd deß Krieges Tyranney.
Man wird stäts seyn bedacht/ wie rechte Sach mög bleiben/
Wie man/ was unrecht ist/ recht möge hindertreiben/
Man wird nicht so versehn was böses wird verricht/
wie sonst zu Kriegeszeit/ doch ohne Lust geschicht.
Es werden Obrigkeit und Unterthanen wohnen
in Einigkeit und Fried; das gute wird man lohnen/
das böse straffen ab; Kurtz/ es wird friede seyn/
im Rahthauß/ in der Stadt/ wo man geht auß und ein.
Ihr Obern dancket Gott/ der Frieden ist gerichtet/
Ihr Untern lobet Ihn/ das widrig ist geschlichtet/
Es lebt in Fried und Freud der Rahtsherr und die Stadt/
Biß das was in der Welt und Sie ein Ende hat.

Auch/ Ich der Kaufleut Gott Mercur kom hergedrungen/
und hab mich mit dem Brieff durch Lufft und Tufft geschwungen/
Ihr Kaufleut seyt wolauff und habt ein guten Muth/
Ihr Handwercksleute auch/ es wird alls werden gut.
Fort wird man sicherlich zu Wasser können handeln/
und ohne noht zu Land auff Messen ruhig wandeln/
die Wahren werden wol zu reissen abgehn/
die Läden und Gewölb voll lauter Kauffer stehn/
Man wird ja Tag für Tag den Seidenzeug außmessen/
und zu Mittag für Müh nicht einen bissen essen/
Gewürtz und Spezerey verkauffen wol mit Macht/
bey lauter Centnern wegwägen Tag und Nacht.
Der Schuster wird sein Geldt vor Schuh nicht können zehlen/
Den Schneider wird das Volck umb neue Kleider quelen/
Der Breuer nimbt nicht ab/ der Becker der wird reich/
Der Kirschner füttert stäts/ und feyret keinen Streich.
Es hitzen bey dem Feur die Schmid/ die Amboßschidger/
Es tauren mich allein die armen Degenfeger/

Die haben nichts zu thun: Laß Degen/ Degen seyn/
macht einen Pflug darfür/ und eine Pflugschar drein.

Ihr Bauren spannet an die starcken Acker Pferde/
klatscht mit der Peitschen scharff/ die Pflugschar in die Erde/
Säet/ Hirsche/ Heidel/ Korn/ Hanf/ Weitzen/ Gersten auß/
Kraut/ Ruben/ Zwiebeln/ Köhl/ füllt Keller/ Boden/ Hauß.

Ihr Gärtener werdet dann zu Marckt können fahren/
und lösen manchen Batz auß euren grünen Wahren/
dann kehret ihr mit Lust fein in ein Küchlein ein/
und esst ein stücklein Wurst und lescht den Durst mit Wein:
Juch/ Juch/ ihr seyt befreyt von tausend tausend Nöthen/
und schlaffet biß es tagt mit euren Bauren Gretten.

Ihr Wirthe freut euch auch/ der Friede trägt euch ein/
Es wird die Stub und Stall voll Gäst und Pferde seyn/
Voraus die ihr wol ligt/ beym weiß und roten Hanen/
Beim Baum/ Bärn/ Engel/ Stern/ Wolf/ Lampe/ Thürnen/ Schwanen/
Beim Bitterhold/ beim Creutz/ Ganß/ Rindfuß/ Rädlein/ Tisch/
beim wilden Mann/ Kron/ Mond/ beim güldnen Ochsen/ Fisch/
Beim Ochsenfelder auch: Ihr krieget gute sachen/
Ihr wolt denn selbsten nicht/ die Zech Wirthlich machen/
doch glaub ichs gäntzlich nicht: Nun es hat keine Noht
Ein jeder gebe nur ein gutes Botenbrodt.

Doch dieses alles recht mit beten vnd mit dancken/
daß keiner überschreit der Erbarkeiten Schrancken/
Es dancke alles Gott/ es danck Ihm frü vnd spat/
was kreucht/ fleugt/ lebt und schwebt/ und was nur
Odem hat.

Gedruckt im Jahr nach der Geburt vnsers HErrn Jesu Christi 1648.

Ich komm von Münster her gleich Spornstreichs geritten,
und habe nun das meist deß Weges überschritten.
Ich bringe gute Post und neue Friedenszeit,
der Frieden ist gemacht, gewendet alles Leid.
Mercur fleugt in der Lufft, und auch der Friede Jo,

gantz Münster, Oßnabrugg und alle Welt ist froh,
die Glocken thönen starck, die Orgeln lieblich klingen,
Herr Gott wir loben dich, die frohen Leute singen,
der Höchste sey gelobt, der Friede ist getroffen,
fortan hat männiglich ein besser Jahr zu hoffen.
Es tauren mich allein die armen Degenfeger.
Die haben nichts zu thun: Last Degen Degen seyn,
macht einen Pflug darfür, und eine Pflugschar drein.

DER SCHWUR DER GESANDTEN

Mit besonderer Freude konnten die Niederlande die Botschaft des Westfälischen Friedens begrüßen. Die Chronisten berichten, daß das Rathaus zu Münster am 15. Mai 1648 festlich geschmückt war. Am Morgen dieses Tages erschienen die holländischen Gesandten unter der Führung von Barthold van Gent

Beschwörung des Spanisch-Holländischen Friedens im Friedenssaal
Stahlstich nach einem Gemälde von Gerard Terborch

Einzug des holländischen Gesandten Pauw / Gemälde von G. Terborch

und Adrian Pauw und die Spanier unter der Führung des Grafen Peñeranda im Rathaus. Sie wurden von den Bürgermeistern und Ratsherren empfangen und in die Ratskammer geleitet. Auf dem Tisch standen zwei Truhen mit den Friedensverträgen und Ratifikationsurkunden. Die Gesandten wechselten Ansprachen und teilten die Zustimmung ihres Königs oder ihrer Regierung mit. Darauf wurde der Vertrag verlesen und beschworen. Die Spanier sprachen die Eidesformel und legten dabei die Hand auf Kreuz und Evangelienbuch. Die Holländer erhoben, als Barthold van Gent die Eidesformel sprach, die Hand zum Schwur. Der feierliche Akt war öffentlich. Die Ratskammer war bis auf den letzten Platz besetzt. Was an diesem Vormittag im Rathaus zu Münster geschah, bedeutete für die Niederlande mehr als den langersehnten Friedensschluß. Ihre staatliche Selbständigkeit konnte nach diesem Vertrag nicht mehr bestritten werden. Achtzig Jahre lang hatten sie gegen die spanischen Bedrücker gekämpft. (Goethes „Egmont“ spielt in diesem Kampf, der kein Ende nehmen wollte.) Hier im Friedenssaal kamen sie endlich an das Ziel ihres Freiheitskampfes. Es ist begreiflich, daß sie diesen Raum wie ein Nationalheiligtum betrachten und besuchen. Wie hätte das junge Volk, das allezeit so viel Liebe und Begabung zu gegenständlicher malerischer Darstellung gezeigt hat, diesen wichtigen Tag, an dem es bestätigt wurde, in seiner Kunst übersehen können! Meister Gerard Terborch aus Zwolle ist nach Münster gekommen, hat in einem großen Gemälde die Ankunft eines niederländischen Gesandten vor den Toren der Friedensstadt Münster dargestellt und in einem andern den historischen Staatsakt, wie er im Friedenssaal vollzogen wurde, der Nachwelt überliefert. Im Bewußtsein des Volkes repräsentiert dieses Gemälde den Abschluß des Westfälischen Friedens schlechthin, obwohl die Hauptverträge (zwischen dem Kaiser und Frankreich und zwischen dem Kaiser und Schweden) erst im Oktober folgten und nicht im Rathaus, sondern in den Quartieren der Gesandten unterzeichnet wurden.

DER FRIEDENSSAAL

Der Friedenskongreß ist das bedeutendste weltgeschichtliche Ereignis, das sich in den Mauern Münsters abgespielt hat. In rechter Würdigung dieser Tatsache hat die Stadt die Ratskammer in demselben Zustand erhalten, in dem die Friedensgesandten sie verlassen haben. Sie ließ sogar die Porträts der Gesandten und ihrer Souveräne malen und in der Ratskammer aufhängen. Mit ernsten Mienen schauen sie von den Wänden: Kaiser Ferdinand III., die Könige Ludwig XIV. von Frankreich und Philipp IV. von Spanien und 32 Gesandte, darunter der Päpstliche Nuntius Fabio Chigi (der spätere Papst Alexander VII.), der kaiserliche Hauptbevollmächtigte Graf von Trautmannsdorff, der Schwede Graf Oxenstierna, die Nieder-

„Königin des Friedens“ / Madonna im Kronleuchter des Friedenssaales

länder Barthold van Gent und Adrian Pauw. Mit ehrfürchtigem Schauder treten die vielen Besucher aus Deutschland und aus dem Ausland in diesen denkwürdigen Raum, der von den

Der Friedenssaal, Südseite / In der Mitte Steinkamin mit Justitia und Darstellung der Geschichte vom reichen Prasser und armen Lazarus

Friedensbemühungen der Völker seinen Namen erhalten hat. Die große Freude, mit der die Friedensbotschaft aufgenommen wurde, ist nach den Nöten und Drangsalen des Dreißigjährigen Krieges verständlich. Die Bestimmungen und Auswirkungen des Friedensvertrages aber waren nicht alle erfreulich. Namentlich Deutschland hatte Grund, traurig zu sein und mit gemischten Gefühlen in die Zukunft zu schauen. Es mußte auf Reichsland verzichten und mancherlei Schwächung der kaiserlichen Macht zugunsten der Landesherren hinnehmen. Das Erste Reich der Deutschen ging seinem Untergang entgegen. Auch daran erinnert der Friedenssaal, wie es Levin Schücking in den folgenden Versen ausgedrückt hat:

Der Friedenssaal, Nordseite / Die gesamte Ausstattung blieb im Kriege erhalten: Richtertisch, Geschränk, Täfelungen und Gemälde

Es ist ein düstrer, feierlicher Ort!
Viel Bilder schauen aus vergilbten Mienen –
Hier Trautmannsdorff und Oxenstierna dort –
Als ob sie selber sich zu zürnen schienen,

Daß sie in diesem Raume hier die Pracht,
Die Kraft, die Herrlichkeit des Reichs begraben
Und einen Frieden schmachvoll hier gemacht
Nach welschem Sinn mit welscher Zunge haben.

Es ist ein düstrer, feierlicher Ort,
Durch den verstorbner Tage Schatten schwanken,
Und durch Jahrhunderte so siecht er fort,
Ein letzt Asyl gespenstischer Gedanken.

In die völlig mit Holzvertäfelungen bedeckte Hauptwand des Friedenssaales sind zweiundzwanzig Aktenschränkchen eingebaut, die in zwei Reihen, unterbrochen durch die Richtersitze, über die ganze Breite der Wand laufen. Die Füllungen der Schranktürchen enthalten interessante spätgotische Schnitzarbeiten. Sie werden um 1500 entstanden sein. Ihre Motive sind der Bibel, der Heiligenlegende, der Tierfabel und den Schalksbüchern entnommen. Sie bedeuten von links nach rechts:

Maria Magdalena, die dem Herrn die Füße wusch, trägt als Heilige und Kirchenpatronin eine Salbenbüchse im Arm.

Ein leidenschaftlicher Zecher verachtet die kleinen Trinkgefäße. Hier sind Seligkeit und Maßlosigkeit des einsamen Trinkers dargestellt, der im tiefen Keller sitzt und trinkt, bis er – wie der Komponist des Trinkliedes – in den tiefsten Lagen endet.

Ritter Georgs Kampf mit dem Drachen. Er steht auf dem Ungeheuer und schwingt das Schwert, um es zu töten.

Simson ist der starke Held des Alten Testamentes. Ein Löwe, der ihn überfallen wollte, wird von ihm bezwungen.

Der Prophet Jonas kehrt nach drei Tagen aus dem Bauche des Fisches zurück, ein Vorbild der Auferstehung aus dem Grabe.

Zwei Wölfe halten einen gespaltenen Wappenschild. Das Wappen ist nicht mehr zu sehen, da die Farbe abgewaschen ist.

Ein sitzender Greif neben einem leeren Schild. Auch hier ist kein Wappen mehr zu erkennen.

Zwei kämpfende Männer schwingen die Schwerter. Sie haben beide keinen Kopf mehr, aber sie halten jeder einen abgeschlagenen Kopf an den Haaren – den Kopf des Gegners, der zugleich der eigene ist. Eine erschütternde Darstellung und Demaskierung des mörderischen und selbstmörderischen Krieges.

Noch einmal der starke Simson. Als die Philister erfuhren, daß er in ihrer Stadt Gaza war, lauerten sie ihm auf, um ihn zu töten. Da hob er nachts ein ganzes Stadttor aus und trug es fort.

Ein Landsknecht mit zerbrochener Hellebarde schreitet auf einen Narren zu, der einen Dudelsack bläst. Kann das eine Darstellung der Dummheit sein, wie man vermutet hat? Vielleicht kehrt der Soldat aus der Schlacht zurück, um sich nun dem lustigen Vergnügen hinzugeben. Saure Wochen, frohe Feste!

Als den Weibern von Weinsberg von den Feinden gestattet wurde, aus der eroberten Stadt soviel mitzunehmen, wie sie tragen könnten, trugen sie auf den Schultern ihre Männer davon.

Sankt Martin, ein frommer Ritter, der von einem Bettler angesprochen wird, teilt seinen Mantel mit dem Schwert durch und gibt eine Hälfte dem Bettler.

Sankt Lambert wird, während er die Messe liest, von einem Kirchenräuber rücklings durchbohrt.

Eine Hirschkuh sucht nach der Legende, als sie von einem Jäger verfolgt wird, beim heiligen Ägidius Schutz und Hilfe.

Sankt Liudger, wie Ägidius, Lambert und Martin münsterscher Kirchenpatron und erster Bischof, soll die zahmen und die wilden Gänse dahin gebracht haben, daß sie den Früchten auf dem Acker keinen Schaden mehr zufügten. (Abb. Seite 10)

Die folgende Geschichte könnte Hans Sachs erzählt haben. Es scheint sich eine wenig liebevolle Auseinandersetzung zwischen Mann und Frau zu vollziehen. Ob der Mann das letzte Geld und seine Standfestigkeit im Wirtshaus gelassen hat und dafür von seiner Frau mit dem Spinnrocken traktiert wird?

Ein Löwe hält den geteilten Wappenschild der Stadt Münster.

Damit hat der Bär nicht gerechnet, als er sich nicht beherrschen konnte und in den süßen Bienenkorb kroch: Die Frau des Hauses überrascht ihn mit schweren Keulenschlägen.

Ein Hund sucht mit einem Knochen zu entkommen. Auch hier fragt man, was das bedeuten könnte.

Die Kundschafter des Alten Testamentes kehren zurück aus dem gelobten Land, in dem solche Trauben wachsen.

Die Affen treiben's wie die Menschen und die Menschen wie die Affen: Sie schlagen sich gegenseitig den Schädel ein.

Seit Kain den Abel erschlug, scheinen die Menschen Krieg und Totschlag nicht lassen zu wollen, wie diese Soldaten zeigen.

Nach dem Dreißigjährigen Krieg durfte Münster der Welt die frohe Botschaft des Friedens künden. Ein Jahrhundert vorher aber war es selbst von blutigem Kriegsgeschehen erfaßt worden, als sich in seinen Mauern das schaurige Drama der Wiedertaufe abspielte. Ein Schneidergeselle war aus den Niederlanden nach Münster gekommen und, erst 25 Jahre alt, König der Wiedertäufer geworden. Doch Macht und Herrlichkeit seines Königtums währten nur kurz. Er endete in den glühenden Zangen seines bischöflichen Überwinders. In Münsters Geschichte ist das Wiedertäufertum ein unheimliches und schwer deutbares Zwischenspiel. Diese Bewegung, die in Ober- und Niederdeutschland rumorte und meist in den Flammen der Scheiterhaufen verloderte, wollte mehr, als nur ihre Auffassung der Taufe durchsetzen, von der sie den Namen erhalten hat. Sie lehnte die Kindertaufe als ungültig ab und predigte und vollzog die Wiedertaufe der Erwachsenen. Ursprünglich kam sie aus der religiösen und sozialen Not des gärenden Jahrhunderts, das schon die Reformation und die Bauernkriege hervorgebracht hatte, begnügte sich aber nicht mit Zugeständnissen und Verbesserungen, lehnte vielmehr die ganze geistliche und weltliche Ordnung als Teufelswerk ab und ging dazu über, „das wahre Gottesreich des Vaters", das Neue Jerusalem, wie es in der Bibel verkündet sei, zu verwirklichen. „Die goldene Stadt Münster" war ausersehen, die Hauptstadt des Reiches der Gerechtigkeit zu werden. Und so zogen denn Wiedertäufer aus Westfalen, Holland und Friesland nach Münster, das durch soziale und religiöse Spannungen für die Aufrichtung des Wiedertäuferreiches besonders geeignet erschien. Auch der Prophet der Täufer, Jan Matthys aus Haarlem, kam nach Münster. Er lief durch die Straßen der Stadt und rief: „Tut Buße! Tut Buße"! und verkündete, der Vater habe ihm seinen Willen offenbart, daß alle Gottlosen, die sich nicht wiedertaufen lassen wollten, aus der Stadt vertrieben oder getötet werden müßten.

Der Wiedertäuferkönig Johann van Leiden in seinem Königsprunk
Kupferstich von Heinrich Aldegrever

Taufe, Tod oder Flucht! In dichten Scharen wurden die Bürger mit Weib und Kind durch die Tore der Stadt getrieben. Ihr Hab und Gut wurde beschlagnahmt. Und nun führte

Matthys eine Art christlichen Kommunismus ein. Eigenbesitz sei vom Satan. Gold und Schmuck, Geld und Lebensmittel mußten abgegeben werden. Sieben vom Propheten bestellte Diakone verwalteten alles. So weit war das Wiedertäuferreich in Münster aufgerichtet, als Jan Bockelszoon aus Leiden, Schüler und Landsmann des Propheten, das angefangene Werk des Meisters fortsetzen und als König zu Ende führen sollte.

DIE GOLDENE KETTE

Der Bischof Franz von Waldeck hatte den Täufern Zeit gelassen, sich in Münster einzurichten. Als er endlich zur Belagerung anrückte, war die Stadt zur Verteidigung bereit. Der Prophet Jan Matthys aber muß seine Sache wirklich für die Sache Gottes gehalten haben. Er hatte eine Offenbarung: Es sei der Wille des himmlischen Vaters, daß er allein mit einer kleinen Schar den Kampf gegen das Belagerungsheer des Bischofs aufnehme. Und er zögerte nicht: Am Ostertage des Jahres 1534 zog er mit wenigen Getreuen aus dem Ludgeritor den feindlichen Truppen entgegen. Doch der himmlische Vater zerschmetterte die Gottlosen nicht durch einen Blitz, wohl rannte ein Landsknecht dem Propheten einen Speer durch den Leib. Die Sache der Wiedertäufer wäre nun verloren gewesen, wenn nicht Jan van Leiden die Macht an sich gerissen hätte. Die Neuerungen, die er einführte, die Verordnungen, die er erließ, verkündete er regelmäßig, wie das auch schon Matthys getan hatte, als Offenbarungen und Gesichte, in denen ihm der himmlische Vater seinen Willen kundgetan habe. Auch sein Königtum begründete er mit dem Willen des Vaters. Der Vater wolle, daß er als König herrschen solle über alle Kaiser, Könige und Fürsten der Welt. Und Johann legte sich ein königliches Wappen zu, ließ Münzen schlagen, schmückte sich mit Krone, Zepter, Ring und schwerer goldener Königskette (all das ließ er aus dem Golde der Kirchen und Bürger fertigen), bildete einen stattlichen Hofstaat um sich und residierte wie vordem

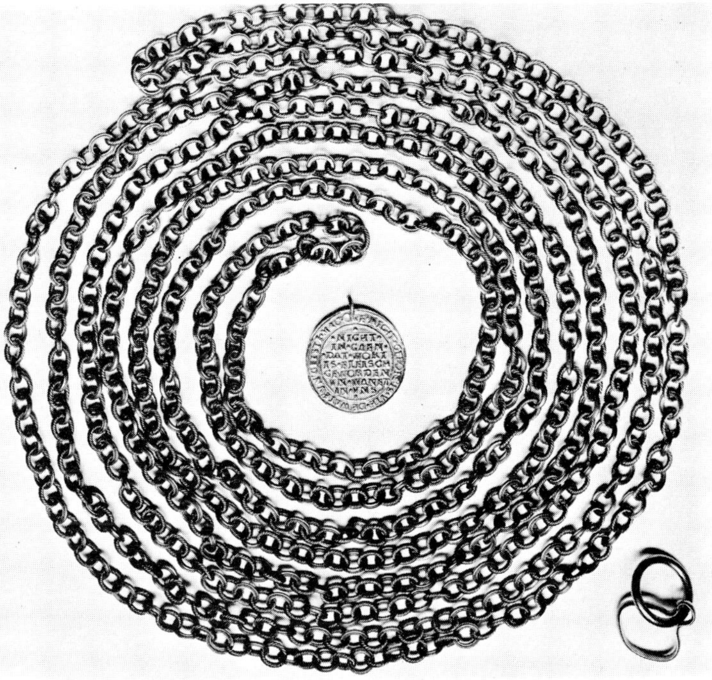

Goldene Kette des Wiedertäuferkönigs
Geschenk des Bischofs Franz von Waldeck an den tapferen Feldhauptmann und Drosten Dietrich von Merveldt zu Wolbeck

der Fürstbischof in der vornehmsten Kurie auf dem Domplatz. Er soll es meisterlich verstanden haben, mit Würde und Anstand den König zu spielen. Nicht umsonst hatte er als Komödiant mit Vorliebe Königsrollen gespielt. Dreimal wöchentlich zog er in feierlichem Zuge auf den Markt vor das Rathaus und hielt dort öffentlich Gericht. Als Zeichen seiner Gewalt ließ er sich ein großes Schwert voraustragen, auf dessen Klinge geschrieben stand: „Wenn ich das Schwert tu aufheben, so wünsch ich dem armen Sünder das ewige Leben." Unberechenbar war der Ausgang der Gerichtsverhandlungen. Oft soll Johann weise Entscheidungen getroffen haben. Er gefiel sich auch darin, die Verurteilten überraschend zu begnadigen. Es soll jedoch auch mehr als einmal vorgekommen sein, daß er sein Schwert aufhob und dem armen Sünder das ewige Leben wünschte.

König Johann enthauptet sein Weib.

SECHZEHN KÖNIGINNEN

Das Schwert des Wiedertäuferkönigs hat selbst eine seiner Königinnen nicht verschont. Den Ältesten und Predigern legte Jan eines Tages die Frage vor, ob die Vielehe der menschlichen Natur nicht besser als die Einehe entspräche und aus der Bibel begründet werden könnte. Die Prediger hatten starke Bedenken, namentlich Rothmann, der wortgewaltige Theologe, der einst der Reformation in Münster den Weg gebahnt hatte und zu den Täufern übergegangen war. Das könne nicht der Wille des Vaters sein, daß Unzucht und Hurerei die alte Satzung auflöse. Doch der Prophet bestand auf seinem Plan. Dreimal mehr Frauen als Männer beherberge Münster. Die Nonnen hätten auf Rothmanns Predigt die Klöster verlassen, aber es seien keine Männer für sie da. Es sei daher der Wille des Vaters, daß jeder Mann mehrere Frauen nehme – wie auch Abraham und David und andere Väter aus dem Alten Testament mehrere Frauen gehabt hätten. Er berief sich auch in

önig Johann tantzet mit seinem Kebs Weib umbden Cörper seines enthaupten Weibes.

diesem Falle auf eine Offenbarung des Vaters und setzte seinen Willen durch. Das war manchen Bürgern doch zuviel. Sie wollten unter der Führung des Schmiedes Möllenhecke dem Spuk ein Ende machen, mußten dafür aber mit dem Leben zahlen. So begann denn die Vielweiberei in Münster. Drei Tage lang wurde auf dem Domplatz die neue Ehe gepredigt. Sie war nicht nur gestattet, sie war sogar Pflicht. Männer und Frauen, die sich weigerten, wurden enthauptet oder eingekerkert. Johann van Leiden selbst wählte sich die sechzehn schönsten Mädchen Münsters zu seinen Frauen. Er selbst soll ein schöner und von Frauen sehr begehrter Mann gewesen sein. Als aber bald der Hunger seinen Einzug in die Stadt hielt, lehnte sich eine seiner Königinnen gegen den König auf: Er prasse, während das Volk hungere. Da geschah das Grausige: Johann schlug ihr mit dem Schwert das Haupt ab und umtanzte in wildem Blutrausch ihre Leiche mit seinen anderen Weibern. Die sangen dazu das Lied der Täufer: „Allein Gott in der Höh' sei Ehr ..."

Zeitgenössische Darstellung der Belagerung der Wiedertäuferstadt

Kolorierter Holzschnitt von Eberhard Schön aus dem Jahre 1535

Die Welt schien aus den Fugen, und es war ungewiß, was daraus werden sollte. Indessen schloß sich der Ring der Belagerung dichter um die Stadt. Franz von Waldeck hatte von den benachbarten Fürsten in Kleve und Köln, schließlich auch vom Reich auf einem Reichstag in Worms Hilfe erhalten. Mehrmals hatte er schon versucht, die Wälle zu berennen und zu erstürmen. Mit großen Verlusten waren seine Landsknechte noch immer blutig abgewiesen worden. Zu stark hatten die Täufer die Stadt befestigt, und sie wehrten sich mit verzweifeltem Mut. Aber es gelang dem Bischof mehr und mehr, die Stadt von der Außenwelt abzuschließen. Nun konnten die Täufer ihre „Apostel" und ihre Schriften nicht mehr nach Osnabrück, Warendorf, Coesfeld, Soest und weiter nach Holland und Friesland schicken und für ihre Sache werben und zum Entsatz der Täuferstadt aufrufen lassen. Weit schlimmer aber war es für sie, daß sie keine Lebensmittel mehr durch die lückenlose Kette der Belagerer in die Stadt schmuggeln konnten. Das Gespenst des Hungers schlich mit namenlosem Elend durch die Straßen und Gassen und kehrte nur im königlichen Hof nicht ein. Das Volk verzehrte bald Katzen, Hunde und Ratten. König Johann aber antwortete auf die Klagen des Volkes mit dem Schwerte. Er ließ noch im Juni 1535 an einem Tage 53 Menschen hinrichten. Da schlichen sich unbemerkt ein Bürger (Heinrich Gresbeck) und ein Landsknecht (Hänschen von der Langenstraße) aus der Stadt, entschlossen, den Truppen des Bischofs eine schwache, unbewachte Stelle des Walles zu verraten. Sie fanden das Vertrauen der Belagerer, die nun den entscheidenden Schlag gegen die Stadt sorgfältig vorbereiteten. Auf Haus Coerde vor Münster hielten die Vertreter des Reiches, die münsterschen Räte, der Befehlshaber der bischöflichen Truppen und die Hauptleute aller Fähnlein der Landsknechte den letzten Kriegsrat. Dann ging man ans Werk. Als am Abend des 24. Juni 1535 die Dunkelheit hereinge-

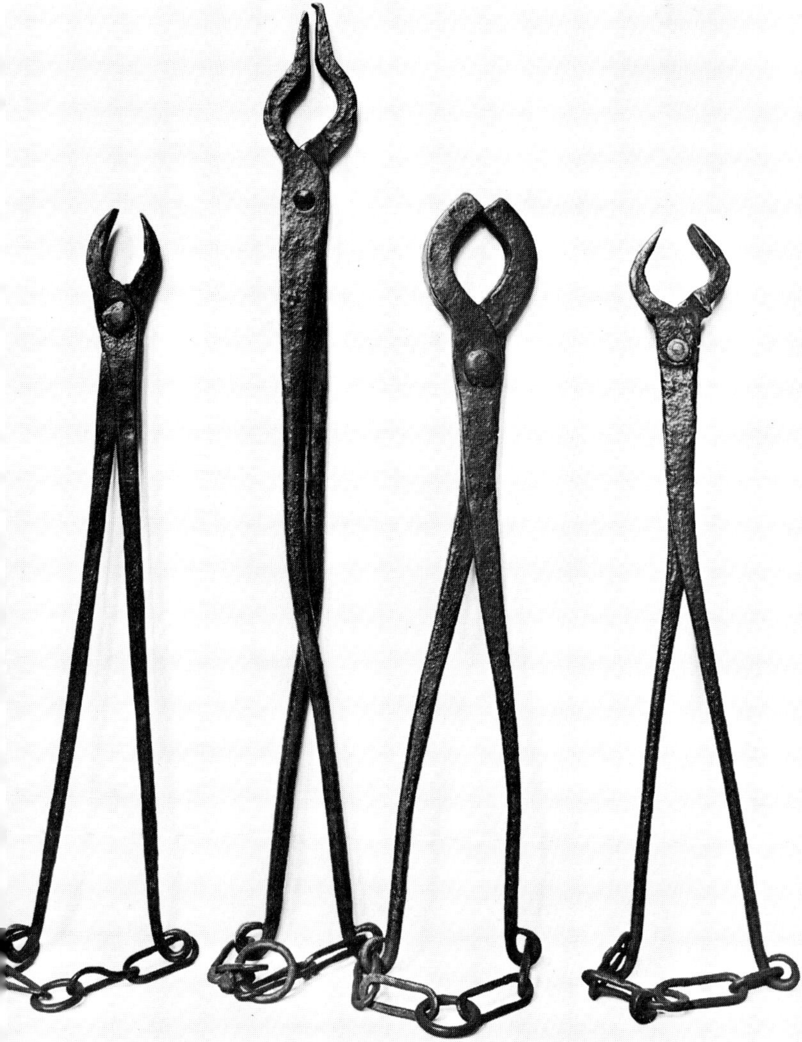

Die Folterzangen. Gefertigt von einem Dortmunder Schmiedemeister

brochen war, brachte man Truppen und Sturmwerkzeuge vor das Kreuztor. Heinrich Gresbeck – der Bürger, der die Wiedertäufer verriet, um die Stadt zu retten – durchschwamm den Festungsgraben und zog an einer Leine, die er sich um den Leib gebunden hatte, eine Brücke hinter sich her. Ein furchtbares Gewitter entlud sich gerade über der Stadt, als die Sturmleitern angelegt wurden und die ersten Landsknechte und Hauptleute den Wall erkletterten. Sie bemächtigten sich des Tores, durch das nun Wilken Steding mit seinen Landsknechten in die Stadt eindrang. In einem blutigen Gemetzel ging das Reich der Täufer unter. Der König aber, sein Scharfrichter und Statthalter Knipperdolling und Bernhard Krechting wurden gefangengenommen. Ihre Hinrichtung gestaltete der Bischof zu einem abschreckenden Schauspiel. Er ließ vor dem Rathaus, wo Johann vordem Gericht gehalten hatte, ein hohes Blutgerüst errichten. Eine schaulustige Menge umsäumte die Bühne. Und dann begannen die Henker ihr blutiges Werk: Mit glühenden Zangen quälten sie die drei Führer der Täufer zu Tode. Ihre Leichname wurden in drei Käfigen am Turm der Lambertikirche aufgehängt.

BILDERSTÜRMER UND TÜRMESCHÄNDER

Hätten die Täufer das Schicksal des Unterganges von sich und ihrem Reich abwenden können? Wohl kaum. Sie wären bereits eher zugrunde gegangen, wenn sie es nicht immer wieder verstanden hätten, das Volk mit starkem Vertrauen auf den guten Ausgang ihres Kampfes zu erfüllen und aufs neue für die Sache der Wiedertäufer zu begeistern. Als Johann van Leiden die Herrschaft in der belagerten Stadt übernahm, war das Ende bereits vorauszusehen. Um so erstaunlicher ist es, was die Täufer unter seiner Führung geleistet haben und mit welchen Mitteln er sie immer wieder bis zum äußersten Ende zusammenzuhalten verstand. Er sorgte für äußere und innere Widerstandskraft, für starke Schanzen und überzeugte Verteidiger darauf.

Die Käfige am Turm der Lambertikirche, in denen die Leichname der drei Führer der Wiedertäufer aufgehängt worden sind

Militärische Sachverständige haben später noch die Anlage der Stadtbefestigungen bewundert, und Johann war sich dieser Leistung bewußt. Als der Bischof ihm in der Gefangenschaft vorwarf, er habe die Stadt verdorben, entgegnete er stolz: Er habe ihm eine uneinnehmbare Stadt geliefert. Zum Bau der Schanzen und Wälle hatte er auch das Steinwerk der Kirchen (die er Steinkuhlen nannte) und wertvolle Plastiken verwandt und damit rücksichtslos und unwiederbringlich westfälische Kunstschöpfungen vernichtet. Max Geisberg hat 1898 am Kreuztor nach solchen Bildwerken gegraben und bedeutende Funde zutage gefördert. Auch alle Bücher (außer dem Alten und Neuen Testament) mußten abgegeben werden und wurden auf dem Domplatz zu Asche verbrannt. Manche einmalige Handschrift und Druckschrift aus den Jahrzehnten der Fraterherren und der Humanisten wird damals vernichtet worden sein. Doch damit nicht genug. Der Tuchhändler und Scharfrichter Knipperdolling legte ein Bibelwort nach seinem Sinn aus: Das Hohe soll erniedrigt und das Niedrige erhöht werden. Der himmlische Vater habe ihm geoffenbart, was das bedeuten solle. Die Turmspitzen von sechs Kirchen müßten abgetragen werden. Und Knipperdolling zögerte nicht, mit seinen Leuten ans Werk zu gehen. Die Dachstühle der Kirchtürme wurden abgesägt und mit gewaltigem Krachen nach unten gestürzt. Auch der Dom und die Überwasserkirche wurden auf diese Weise „erniedrigt“. Die Wiedertäufer in der Stadt mochten wenigstens anfangs an diese Bibelauslegung Knipperdollings glauben, aber die Belagerer draußen vor den Wällen konnten sich lange nicht erklären, was es bedeuten sollte, als die Kirchtürme unter staubaufwirbelndem Getöse in die Tiefe stürzten. Doch eines Tages sahen sie ihren Argwohn bestätigt. Geschütze waren auf den Türmen in Stellung gebracht worden und eröffneten ein gutgezieltes Feuer in das Lager der Bischöflichen. Den Untergang ihrer Herrschaft aber konnten die Wiedertäufer auch durch solche Einfälle und Kriegslisten nicht abwenden.

Der Überwasserkirchturm, einer der wuchtigsten Türme Westfalens, von den Wiedertäufern als Geschützturm benutzt

DER ZWINGER

Kaum waren die Wiedertäuferunruhen vorbei und die Stadt wieder in der Gewalt des fürstbischöflichen Landesherrn, als Franz von Waldeck es für geraten hielt, sich feste Stützpunkte in der Stadt zu schaffen. Bereits im Frühjahr 1536 legte er den Grundstein zu einem mächtigen Zwinger, der am Ausfluß der Aa aus der Stadt errichtet wurde. Eine bischöfliche Besatzung hat dann in dem festen Bollwerk gehaust. Was weiter darin geschehen ist, wissen wir nur zum Teil. An gruseligen Geschichten fehlt es nicht. Es lag nahe, den Zwinger als Gefängnis zu verwenden, und es hat in ihm eine Tretmühle (zum Wasserschöpfen) gegeben, auch eine Pulvermühle, die eines Tages explodierte, wobei das Dach abbrannte. Im Binnenhof soll sogar ein Galgen gestanden haben, an dem fahnenflüchtige Soldaten gerichtet wurden. Als 1765 die Festungsanlagen geschleift wurden, ließ man den Zwinger stehen – vermutlich seiner Standfestigkeit wegen (seine Mauern sind zwei Meter dick). Aber er hatte nun keine Aufgabe mehr. Ein Maler verfiel auf den Gedanken, eine Künstlerklause daraus zu machen. Ihm folgten Jugendgruppen mit Spiel und Tanz, bis der Bombenkrieg auch diesen wuchtigen Wehrturm zur Ruine machte.

DIE BOTSCHAFT DES ENGELS

Wie wenig der Lebenswille Münsters in den geistigen Wirren und blutigen Aderlässen der Wiedertäuferzeit Schaden genommen hatte, das wurde in den folgenden Jahrzehnten in überraschender Weise offenbar. Es war, als ob die gestaltenden Kräfte sich gestaut hätten und ausbrechen mußten. Vieles, was wir heute noch bewundern, ist damals geschaffen worden. Die Ratskammer, die erst im nächsten Jahrhundert dem großen Kongreß als Friedenssaal dienen sollte, erhielt weitere kostbare Schnitzarbeiten und Vertäfelungen, ebenso der Kapitelsaal im Dom. Das Krameramtshaus und der Heeremansche Hof ent-

Der Zwinger am Ausfluß der Aa aus der Altstadt mit seinem nach außen und innen abgeschrägten Kegeldach, das im Kriege zerstört wurde

standen neben anderen Renaissancebauten, die nicht mehr erhalten sind. Im Westportal des Domes wurden die klugen und törichten Jungfrauen aufgestellt. Das östliche Querschiff des Domes erhielt den prächtigen Salvatorgiebel. Die astronomische Uhr, die von den Wiedertäufern zerstört worden war, wurde in der Form neu geschaffen, in der sie auf uns gekommen ist. Der überragende und vielseitige Künstler in dieser zweiten Hälfte des 16. Jahrhunderts ist Hermann tom Ring, dessen Handschrift auch in vielen Architekturen zu erkennen ist. Er gehört zu den großen Meistern der westfälischen Malerei, seine „Verkündigung“ zu den Meisterwerken der westfälischen, ja, abendländischen Kunst. Dieses Altargemälde ist auch für Münsters Kulturgeschichte aufschlußreich. Münstersche Bürger

Verkündigung / Flügel eines Altars von Hermann tom Ring aus der Überwasserkirche / Heute im Landesmuseum

der Renaissancezeit werden eine ähnliche Wohnkultur gekannt haben wie diese blonde Maria, die in einem behaglich und wohltuend ausgestatteten Raum die Botschaft des Engels vernimmt.

Mag auch ein außerordentlicher Unstern das Schicksal der Münsterschen Bildhauerkunst bestimmt haben, es sind doch – trotz Wiedertäufersturm und Bombenhagel – genügend Werke erhalten, die den hohen Rang dieses bildkünstlerischen Schaffens bezeugen. Hier sind zuerst zu nennen die großartig, herbe und ernst gestalteten Figuren der Apostel, Stifter und Patrone im Paradies des Domes. Sie müssen zu den höchsten Leistungen der mittelalterlichen Plastik gerechnet werden, „zu dem Schönsten, was die deutsche Kunst des 13. Jahrhunderts geschaffen hat". So urteilt der Kunsthistoriker Johannes Klein über diese Skulpturen im Dom zu Münster. Das Paradies ist als Vorhalle dem westlichen Querschiff des Domes vorgelagert. Es war ursprünglich in drei großen Bogen zum Domplatz hin geöffnet. Auch die Seitenwände, an denen jetzt je zwei Figuren stehen, waren offene Arkaden. Geschlossen wurde diese Vorhalle erst, als die vordere Hälfte des jetzigen Raumes dazugebaut und ein zweites Stockwerk für die Dombücherei aufgesetzt wurde. Dadurch traten die Skulpturen in ein dämmeriges Halbdunkel zurück. Wer das Paradies betritt, spürt, daß diese Halle mehr ist als ein Vorraum. Er spürt die lebendige Gegenwart großer, zeitüberdauernder Kunst. Diese Vorhalle birgt „das umfangreichste Werk der ganzen westdeutschen Monumentalplastik" (P. Clemen). An der Hauptwand, links und rechts vom Haupteingang zum Dom, stehen in symmetrischer Ordnung voll Hoheit und strenger Würde die überlebensgroßen Gestalten von zehn Aposteln. Sie sind im wesentlichen der Zerstörungswut der Wiedertäufer entgangen. Zwei Apostel und vor allem das Mittelstück, der heilige Paulus, der Patron des Domes, waren ihnen zum Opfer gefallen. Mehrere spätromanische Bildhauer haben diese Apostel-Skulpturen geschaffen. Etwas später, um 1260, sind die frühgotischen Bildwerke entstanden, die den kostbaren Schmuck der Seitenwände bilden: rechts der heilige Laurentius und Bischof Dietrich von Isenburg, links die heilige

Das Paradies, Vorhalle zum westlichen Querschiff des Doms

Der Ritter im Domparadies

Maria Magdalena und ein Ritter, von dem man mit Gewißheit nicht sagen kann, wen er darstellt. Welche individuelle Persönlichkeit er auch verkörpern mag, – in dieser Plastik hat die Idee des ritterlichen Menschen schlechthin Gestalt gewonnen. Wie der Ritter, so ist überhaupt die ganze Versammlung ehrwürdiger steinerner Gestalten in ihrer wahren künstlerischen Größe bisher nur von einem kleinen Kreis erfahrener Kunstkenner erkannt und gewürdigt worden. Hier ist noch ein einzigartiger Schatz aus dem Dämmer der Paradieshalle in unser Bewußtsein zu heben. Denn diese Plastiken haben gleichen Rang mit den berühmten Bildwerken der Dome von Naumburg und Bamberg.

MÜNSTERLÄNDER IN DER KUNST

Ein anderer Meister aus späterer Zeit ist uns mit Namen bekannt: Henrick Brabender-Beldensnyder. Von ihm stammt die Gruppe der Zuschauer beim Einzug Christi. Er hat die lebensgroßen Gestalten 1516 für den Westgiebel des Domes geschaffen. Vielleicht sind sie nur deswegen dem Zugriff der bilderstürmerischen Wiedertäufer entgangen, weil sie zu hoch am Giebel über dem Westportal hingen. Inzwischen sind sie abgenommen und im Landesmuseum aufgestellt worden, damit sie nicht länger dem weiteren Verfall durch Wind und Wetter ausgesetzt waren. (Da nun das Westwerk geschlossen ist, haben auch die Figuren der klugen und törichten Jungfrauen ihren alten Standort im Westportal verloren.) Henrick Brabender-Beldensnyder als spätgotischer Ausdruckskünstler hat Menschen der heimischen Landschaft dargestellt. Es sind münsterländer Bauern, die da am Straßenrand stehen, während der Sohn Davids einzieht im Namen des Herrn. Hosianna! wollen sie rufen, aber es ist, als ob der freudige Gruß nicht über ihre Lippen käme und sich wandelte in den Ausdruck fassungslosen Erstaunens, ja, bangen Erschreckens. Ist es möglich und wahr, was sich da vor ihren Augen ereignet? Auch die beiden Alten – im Begriff, ihre Kleider vor dem Einziehenden auszubreiten – verraten eine außerordentliche Bewegung, obwohl sie nach außen Maß und Zurückhaltung bewahren. In ihrer verhaltenen Gebärde liegt tiefste Erregung und echte Ergriffenheit, die den ganzen Menschen durchströmt. Es ist etwas Großes, was vor

Zuschauergruppe vom Einzug Christi / Plastik von Henrick Brabender-Beldensnyder am Westgiebel des Domes / Heute im Landesmuseum

ihren Augen und in ihren Seelen geschieht. Solche Kunst ist hohe und lebendige Menschendarstellung und zugleich echte Stammeskunst, die heimisches Menschentum im äußeren Erscheinungsbild wie in der inneren Erlebnisweise gültig verkörpert.

So sieht der Flieger die Stadtmitte: Lambertikirche und Dom und dazwischen die Reihe der Giebelhäuser am Prinzipalmarkt

——▶

In seiner alten Wallumfriedung birgt Münster ein reiches und kostbares baugeschichtliches Erbe, das noch immer die Kräfte erkennen läßt, die maßgeblich die Entwicklung der Stadt bestimmt haben. Es sind drei Kräfte, die im Laufe der Jahrhunderte nach- und nebeneinander Gestalt und Gesicht Münsters geformt haben: Kirche, Bürgertum und Adel. Sie haben die Kirchen und Kurien geschaffen, den Prinzipalmarkt und andere prächtige Bürgerbauten, die Adelshöfe und unter ihnen den Erbdrostenhof. Die ragenden einmaligen Gipfelleistungen aber dieser drei das Stadtbild gestaltenden Kräfte sind: Dom, Rathaus und Schloß. Als wuchtigstes und ehrwürdigstes Bauwerk Münsters lagert der Paulus-Dom auf dem Horsteberg. Es ist nicht mehr der erste Dombau aus der Zeit des heiligen Liudger, sondern der dritte, der in den vierzig Jahren von 1225 bis 1264 erbaut worden ist. In der Geschichte der Baukunst ist der Dom ein einzig dastehender Monumentalbau aus der Zeit des Übergangs vom romanischen zum gotischen Stil. Das dreischiffige Langhaus basilikalen Systems weitet sich aus in zwei Querschiffen. Über wuchtigen Eckpfeilern wölben sich weitgeschwungene Bogen zu der eindrucksvollen Großräumigkeit dieses westfälischen Gotteshauses. Die folgenden Jahrhunderte haben manches geändert und hinzugefügt, so daß der Dom im Kranze der ihm angegliederten Kapellen und im Figurenreichtum seiner Portale sich als mächtiges und besonders reizvolles Baugefüge darbietet, ein unvergleichliches Zeugnis für westfälische Art und Kunst. „Der Dom von Münster ist nicht nur die räumlich größte der westfälischen Bischofskirchen, sondern auch die künstlerisch wertvollste. Sein Innenraum ist der gewaltigste architektonische Eindruck, den Westfalen zu bieten vermag. Hier stehen wir vor einer der Gestaltungen, denen absoluter Höchstwert zuzusprechen ist. In diesem Bauwerk ist die künstlerische Kraft vieler Generationen zusammengetragen worden. Das Bekenntnis einer Stadt und eines Volkes zur Kunst klingt

durch alle Zeiten aus diesem Bauwerk“ (Werner Burmeister). Im letzten Kriege war der Dom sehr schwer beschädigt worden. Er ist unerklärlicherweise immer wieder, als ob er eine militärische Festungsanlage wäre, bombardiert und verwüstet worden. Nicht nur seine Architektur, seine Türme und Portale, seine Pfeiler und Gewölbe wurden weitgehend zerstört, sondern auch seine reiche plastische Ausstattung. Und doch konnte seine Wiederherstellung schon in einem Jahrzehnt zu Ende geführt werden. An dem Wiederaufbau keines anderen Gebäudes haben die Bürger der Stadt leidenschaftlicher teilgenommen als an dem des Domes. Man hat sich die Köpfe heiß geredet über das Für und Wider. Das Westwerk, das ein großes gotisches Portal mit Figuren der klugen und törichten Jungfrauen aus dem Jahre 1592 hatte, wurde geschlossen. Und statt des früheren Maßwerkfensters oder eines noch früheren Radfensters erhielt es sechzehn kleine Rundfenster, die der Volksmund mit leichter Ironie Seelenbrause nannte. Höchste Bewunderung verdient und findet die neue Gestaltung des Dominnern. So einmalig schön und großartig bot sich der münstersche Dom noch nie dar.

DER KARDINAL

Zu gleicher Zeit, da der ehrwürdige Paulus-Dom verwüstet wurde, wuchs der Bischof dieser Kathedralkirche im Bewußtsein der Welt zu einer Gestalt von historischer Größe. Hier führte Clemens August Graf von Galen, ein wahrer Ritter ohne Furcht und Tadel, im nationalsozialistischen Reich seinen Kampf für Gotteswort und Menschenrecht. Seine Predigten gegen die Tyrannei haben weltweites Echo gefunden. Er mußte damit rechnen, daß sie ihm eher Verhaftung und Tod als Ruhm einbringen würden. Mit Mut und Todesverachtung hat er es trotzdem gewagt, so daß er über Nacht „Der Löwe von Münster" genannt wurde. Als er nach der Bewährung, ausgezeichnet mit dem Purpur des Kardinals, aus Rom in seine Bischofsstadt zurückkehrte, folgte einem triumphalen Empfang ein dramatisches Finale. Am 22. März 1946 wurde er von der Bühne dieses Lebens abberufen. Der weltgeschichtliche Akt, in dem er mitzuspielen hatte, war zu Ende. Den Aktschluß aber, mit dem dieses irdische

Leben auf der Höhe endete, hätte auch der größte dramatische Dichter nur mit Bewunderung und Ergriffenheit verfolgen können. Im Gedächtnis des Volkes lebt dieser Bischof weiter als Sinnbild westfälischer Standfestigkeit, als mutiger Streiter, der unerschrocken seinen Weg ging – getreu seinem Wappenspruch *Nec laudibus nec timore.* Weder Lob noch Furcht sollte ihn bestimmen. Seine letzte Ruhestätte hat er in einer der Galen-

Das Grab des Kardinals im Hohen Dom vor dem Ludgerusaltar

schen Kapellen gefunden, die ein anderer Bischof gleichen Namens, Christoph Bernhard von Galen, im Jahre 1663 am Chorumgang erbaut hat. In drei Kapellen ruhen hier drei Bischöfe aus demselben Adelsgeschlecht, in der ersten: Weihbischof Maximilian Gereon von Galen, in der zweiten: Kardinal von Galen, in der dritten: Fürstbischof Christoph Bernhard von Galen.

DIE ASTRONOMISCHE UHR

Im Chorumgang birgt der Dom eine kunstvolle astronomische Uhr, die den Bombenkrieg überstanden hat. Um sie hat sich wie um die Kunstuhr des Straßburger Münsters eine Sage gebildet. Sie berichtet, der Rat der Stadt habe dem Meister, der die Uhr geschaffen, die Augen ausgestochen, um dadurch zu verhüten, daß auch andere Städte ein ähnliches Kunstwerk erhielten. Da habe der Künstler um die Gunst gebeten, man möge ihn noch ein letztes Mal zu seinem Werk führen. Mit einem einzigen Griff habe er dann seine geheimnisvolle Schöpfung zum Stillstand gebracht. Seitdem sei niemand imstande gewesen, sie wieder in Gang zu setzen. Diese Sage mag entstanden sein, als die Uhr lange Zeit stand und in den Ruf kam, ein unergründliches Wunderwerk zu sein, das nur der Meister kenne. Seit sie aber dazu gebracht war, wie ihresgleichen die Zeit zu messen, erfreute sie sich so großer Beliebtheit, daß einmal das Hohe Domkapitel selbst Ärgernis daran nahm, weil „während des Gottesdienstes und der Vesper von den Leuten und der Canaille, welche der Heiligen Drei Könige Umgehen anschauen wollten, ein bisher unerhörter Tumult und Insolenz verspürt sei“. Das durfte nicht länger sein. Die erste Domuhr ist von den Wiedertäufern vernichtet worden. Es ist nicht sicher überliefert, seit wann sie bestanden hatte. Unmittelbar nach der Wiedertäuferzeit ging man daran, an derselben Stelle eine neue astronomische Uhr zu schaffen. Wissenschaft, Handwerk und Kunst haben zusammengewirkt, dieses Meisterwerk zu vollbringen. Seine Schöpfer sind der Mathematiker und Buchdrucker Dietrich Tzwyvel (der damalige Besitzer der späteren Regensbergschen Buchdruckerei), der Franziskanermönch, Domprediger und Kalendermacher Johann von Aachen und der Schmied Nikolaus Windemaker. Man begnügte sich aber nicht damit, aus dem astronomischen Wissen und dem technischen Können des Spätmittelalters diese einmalige, viel bestaunte Wunderuhr zu konstruieren, deren Räderwerk von zentnerschweren Gewichten angetrieben

Hier wird auf der Kalenderscheibe jeder Tag des Jahres angezeigt

wurde. Man zog auch einen Bildhauer und einen Maler hinzu, die dem Werk eine würdige künstlerische Gestalt geben sollten. Der Beldensnyder Johann Brabender schnitzte die Holzfiguren, die Madonna mit dem Jesuskinde, die Heiligen Drei Könige,

Die astronomische Uhr: oben der Dreikönigsgang, in der Mitte die Uhr mit Weltkarte, Tierkreis und Planeten, unten das Kalendarium das Tutemännchen und seine Frau. Ludger tom Ring der Ältere malte vor allem die prächtigen Architekturszenen und Zuschauergruppen um den Dreikönigsgang, die den oberen Teil schmücken und auf seine Mitte hinlenken.

DREIKÖNIGSGANG UND GLOCKENSPIEL

Dreikönigsgang und Glockenspiel – sie unterbrechen auf originelle Weise das tägliche ermüdende Einerlei im Ablauf und im Messen der Zeit und haben die astronomische Uhr volkstümlich gemacht. Zu beiden Zeiten des oberen Teils sind je zwei plastische Figuren angebracht: links außen das Tutemännchen, das mit seinem Horn die vollen Stunden bläst, während seine Frau jeden Hornstoß mit einem Hammerschlag an die Glocke bekräftigt, und rechts Chronos mit Sanduhr und Sense, die er dem Tode reicht, der mit einem Hammer die Viertelstunden schlägt. Er hat den Fuß unerbittlich auf die Erdkugel gesetzt. Mittags um zwölf wird es lebendig in der Uhr. Kaum ist der Stundenschlag verklungen, da öffnet sich (in der Mitte rechts) ein Türchen, und die Heiligen Drei Könige erscheinen, machen einen Huldigungsgang in langsam gemessenen Schritten und mit zierlichen Verbeugungen vor der Madonna mit dem Jesukinde und verschwinden an der anderen Seite. Ein Glockenspiel begleitet ihren Umzug mit einem alten Weihnachtslied. Die Melodie verklingt, und es bleibt nur das harte Ticken der Uhr. Wer dieses Wunderwerk als Ganzes ergründen will, steht vor vielen Rätseln. Er müßte hundert Fragen stellen. Es gehört eine besondere Wissenschaft dazu, alles zu begreifen, was hier über Sonne, Mond und Sterne, über Tierkreis und Fixsternhimmel, über Mars und Venus, Jupiter, Merkur und Saturn ausgesagt und astronomisch dargestellt ist. Der gewaltige Uhrzeiger am mittleren Teil hat die merkwürdige Eigenschaft, daß er verkehrt herum läuft und den Tag um Mitternacht unten auf dem Zifferblatt beginnt. Besondere Beachtung findet das Jahreskalendarium mit den zwölf Monatsbildern.

Dreikönigsgang und Glockenspiel der astronomischen Uhr

Die große Kalenderscheibe der astronomischen Uhr mit den Monatsbildern. In der Mitte der hl. Paulus, der Schutzpatron des Doms

Das Herdfeuer
wärmt im Januar.
Bei Waffeln und Wein
beginnt das Jahr.

Pocula Janus amat
comeditquc et potat ad ignem.

Im Februar
frieren die Flüsse zu.
Das Land liegt erstarrt
in Eisesruh.

Contrahit inde gelu
fluvios Februarius algens.

Man schneidet im März
die Bäume und Reben
Und bereitet das Erdreich
für kommendes Leben.

Deinde putat vites
et scindit Martius arva.

Es öffnet April
der Erde Schoß,
Und ein Wachsen und Blüh
bricht nun los.

Aprilis terras
aperit, cum florida prodit.

Im Mai prangt der Wald
mit saftigem Grün.
In seinen Schatten
die Liebenden ziehn.

Ros et frons nemorum
Majo sunt fomes amoris.

Im Juni ist Zeit,
die Schafe zu scheren.
Sie sind ja geduldig
und lassen's gewähren.

Tondet oves nostras
hinc Junius ille ludentes.

Man mäht im Juli
das nährende Heu,
Damit es im Winter
das Vieh erfreu.

Fena metit pecori
nostrati Julius alma.

Und kommt der August,
dann kann man sehn,
Wie die reifen Ähren
in Garben stehn.

Augustusque spicas
demessas cogit in agris.

Im September wendet
der Pflug das Feld,
Und der Sämann
den Acker neu bestellt.

Semina committit
sulcis September aratis.

Es folgt der Oktober.
In seiner Sonne
Die Früchte zu ernten
ist eine Wonne.

Post hec Oktober
coctas bene colligit uvas.

Der November bringt uns
ein Fest heran:
Das Schweineschlachten
liebt jedermann.

Laetatur porcos
mactando quisque November.

Der Dezember nötigt uns,
Bäume zu spalten,
Um das Feuer
im häuslichen Herd zu erha

Ligna focis findit
spolians virgulta Dezember.

DAS KALENDARIUM DER DOMUHR

Zu ebener Erde ist hinter einem handgeschmiedeten Schutzgitter in einer zurückspringenden runden Nische das Jahreskalendarium angeordnet. Die große Scheibe ist in drei Ringe eingeteilt. Der äußere Ring enthält die kalendarischen Angaben für 532 Jahre, vom Baujahr der Domuhr 1540 bis zum Jahre 2071. Der innere Ring bietet die Angaben für alle Tage eines Jahres. Hier kann man den Tag, den Monat und das Jahr ablesen, in dem wir gerade leben. Auch die Tagesheiligen sind nicht vergessen. Im Mittelfeld der Scheibe tritt der astronomische Kalendermann zurück zugunsten des Künstlers. Der Maler darf den Pinsel führen. Und er stellt den Kreislauf eines Jahres in zwölf reizenden Miniaturmalereien dar. Wer dieser Maler gewesen ist, wissen wir nicht. Es kann ein Schüler des Braunschweiger Monogrammisten, ein Niederländer oder aber auch ein Mitglied der Malerfamilie tom Ring gewesen sein. Es sind Bilder aus dem Leben des Volkes, genauer: aus dem Leben einer mittelalterlichen Stadt, die in enger Verbindung mit der Natur und im Rhythmus der Jahreszeiten lebt. Jedem der zwölf Monatsbildchen ist ein lateinischer Vers beigegeben. Es schien mir angebracht, diese lateinischen Hexameter in volkstümliche deutsche Verse neu zu übertragen, wobei ab und zu, wenn der lateinische Wortlaut es gestattet, zur Ergänzung und Veranschaulichung auch ein Blick auf das zugehörige Bildchen geworfen wurde.

DER KANONENBISCHOF

Die alte Bischofsstadt hat lange unter der weltlichen Herrschaft des Krummstabes gestanden. Ihre Kirchenfürsten haben nicht nur gebetet und für das Seelenheil gesorgt, sie haben auch Kriege geführt, einer von ihnen in solchem Maße, daß der Volksmund ihn scherzhaft Bombenbernhard und Kanonenbischof genannt hat. Christoph Bernhard von Galen, der unmittelbar nach dem Dreißigjährigen Kriege zur Regierung kam,

Fürstbischof Christoph Bernhard von Galen (1650–1678)
Kupferstich eines unbekannten Meisters

war in kriegerische Auseinandersetzungen mit vielen Staaten Europas verwickelt. Gegen Holland hat er eigentlich ständig Krieg geführt. Der Sonnenkönig von Frankreich war das eine Mal sein Verbündeter, das andere Mal sein Gegner, dasselbe gilt vom Kaiser und vom Großen Kurfürsten. Den Kaiser hat er im Türkenkriege 1663/64 unterstützt, später wurde er vom

Kaiser zum Hochverräter erklärt, doch Christoph Bernhard ließ den kaiserlichen Beauftragten, der ihn verhaften sollte, enthaupten und vierteilen. Man sieht: ein machiavellistischer Kirchenfürst. Es gelang ihm zwar, unter den Mächtigen seiner Zeit eine Rolle zu spielen (Ludwig XIV. von Frankreich soll nach seinem eigenen Ausspruche von allen deutschen Fürsten nur ihn und den Großen Kurfürsten gefürchtet haben, und der Große Kurfürst hat ihn wiederholt in Sassenberg und Beckum besucht), es gelang ihm aber nicht, einen lebensfähigen Staat zu gründen. Um so nachhaltiger hat Münster seine Politik zu spüren bekommen. Christoph Bernhard eroberte die alte Hansestadt, die – fußend auf ihren Sonderrechten während der Friedensverhandlungen – um die Stellung einer freien Reichsstadt kämpfte, mehrmals. Um die widerspenstigen Bürger zur Kapitulation zu zwingen, erfand er ein besonderes Staudamm-System. Dort, wo heute der Aasee beginnt, baute er breite Staudämme, so daß kein Wasser mehr nach Münster fließen konnte, als ob er die Stadt verdursten lassen wollte. Bei einem großen Unwetter brachen die Dämme, und die angestauten Wassermengen ergossen sich unaufhaltsam in die Stadt, stießen aber beim Ausfluß aus der Stadt (bei Gut Nevinghoff) auf neue Dämme, die offenbar besser gebaut waren, – sie hielten stand! Das Wasser staute sich mehr und mehr und stieg in den Straßen Münsters so hoch, daß die Bürger Backtröge als Boote benutzen mußten. Die Kapitulation war unvermeidlich. So hatte der „Kanonenbischof" Münster durch Wasser erobert, ohne daß dabei ein Soldat oder Bürger zu Tode gekommen war. Aber alle Freiheiten nahm er der Stadt. Die große Zeit des Bürgertums war vorbei. Das Zeitalter des Absolutismus brach an und ließ die bürgerliche Welt und Kultur in einer neuen höfischen Rangordnung zurücktreten. Die Bürgerschaft Münsters hat Christoph Bernhard seine Machtpolitik nie verziehen. Und doch ist Christoph Bernhard von Galen der bedeutendste Kirchenfürst seines Jahrhunderts und einer der größten Bischöfe Münsters gewesen.

Der Heeremansche Hof an der Königsstraße

DER ADELSHOF

Der Fremde, der (vor dem unseligen Bombenkrieg) mit offenen Augen durch die Straßen dieser Stadt ging, blieb zuweilen erstaunt vor einem Eisengitter stehen, durch das er auf ein vornehm zurückliegendes Gebäude blickte. Vorspringende Seitenflügel umschlossen einen freien Platz, den Ehrenhof, hinter dem sich der Hauptbau erhob. Eine Freitreppe führte zu ihm empor.

Der Erbdrostenhof, der schönste und repräsentativste Adelshof

Das reich ausgestattete Mittelrisalit trug einen prächtigen Dreiecksgiebel, in dem beherrschend das Wappen eines adeligen Geschlechtes als stolzes Kennzeichen des Hauses hervortrat. So vor allem sahen die städtischen Wohnungen des münsterländischen Adels aus. Der Adelshof im Stadtbild Münsters ist das Gegenstück zur Wasserburg draußen im Lande. Der münsterländische Adel saß im Sommer verstreut im Lande auf seinen Wasserburgen. Für den Winter aber und für sonstige Stadtaufenthalte baute er sich in der Residenz, dem politischen und kulturellen Mittelpunkt des Landes, seine Adelshöfe. Sie sind meist im barocken Stil vor und nach 1700 erbaut worden, ausgeführt in rotem Backstein mit Fensterrahmen aus hellem Haustein. Die besten Baumeister der Zeit (Pictorius, Schlaun, Lipper) haben diese Höfe geschaffen. Sie haben nicht alle die beschriebene Bauform aus der Blütezeit der Adelshöfe. Manche sind unmittelbar an der Straße errichtet worden wie der Heeremansche Hof an der Königsstraße und der zerstörte klassizistische Romberger Hof an der Neubrückenstraße. Die Zahl der Adelshöfe, die den Spreng- und Brandbomben zum Opfer gefallen sind, ist außerordentlich hoch und schmerzlich. Unversehrt hat keiner den Krieg überstanden. Nur einige wenige konnten in alter architektonischer Schönheit wiederhergestellt werden. Der Heeremansche Hof, ein schöner Renaissancebau, erhielt die Ehre, das oberste Gericht des Landes Nordrhein-Westfalen aufzunehmen. Der repräsentativste aller Adelshöfe ist der Erbdrostenhof, ein stolzer Palastbau, den Johann Conrad Schlaun mit genialer Meisterschaft auf einem Eckgrundstück an der Salzstraße errichtet hat. Der Erbdrostenhof stellt den Höhepunkt des adligen Bauens in Münster dar, das dann im fürstbischöflichen Schloßbau einen würdigen Ausklang fand.

DAS RESIDENZSCHLOSS

Münster als Sitz eines fürstbischöflichen Landesherrn war eine alte Residenz, aber erst als die Tage der fürstbischöflichen Herrlichkeit dem Ende zugingen, erhielt es ein stattliches Residenzschloß. Zwar hatten sich auf Drängen des Domkapitels schon mehrere Fürstbischöfe vor der Wahl verpflichtet, eine beständige Residenz zu bauen. Aber erst Kurfürst Maximilian Friedrich und sein tüchtiger Minister v. Fürstenberg gingen ans Werk. Das Residenzschloß fiel dann in seiner Planung und Gestaltung im Rokoko-Barock so großartig aus, daß man im deutschen Norden kaum ein zweites von gleicher Pracht und Vollendung finden

Gesamtansicht des kurfürstlichen Residenzschlosses
im Stil der Rokokozeit / Supraporte

wird. Es ist das Spätwerk des großen Baumeisters Johann Conrad Schlaun, der hier eine weiträumige Schloßanlage mit Schloßgarten und Vorplatz schuf. Als es 1787 endlich auch im Innern vollendet war, hätte es als ersten Hausherrn den regierenden Fürstbischof von Münster, Kurfürsten von Köln und Hochmeister des Deutschen Ordens Maximilian Franz beherbergen sollen. Maximilian Franz war der jüngste Sohn der Kaiserin Maria Theresia. Aber auch in Münster stießen die beiden innerdeutschen Gegner des 18. Jahrhunderts aufeinander, und Preußen kam dem Hause Habsburg auch hier zuvor. Statt des Habsburgers waren die ersten Bewohner des Hauses der General Blücher und der Freiherr vom Stein, die als Statthalter Preußens nach dem Deputationshauptschluß Münster in preußische Verwaltung nahmen. Bald rückten Generale und Majestäten von Napoleons Gnaden ein, die sich im Schloß vom alten Hofadel huldigen ließen, bis die Preußen wiederkamen. Sie machten Münster zur Hauptstadt der neugegründeten Provinz Westfalen (1815). Im Schloß aber wohnten seitdem regelmäßig der Oberpräsident der Provinz und der Kommandierende General. Nachdem es im letzten Krieg völlig ausgebrannt war, erhielt es eine neue Zweckbestimmung. Es wurde wiederhergestellt als Hauptgebäude der Universität.

AUS DER CHRONIK DER UNIVERSITÄT

In der Chronik der Universität Münster ist die Tatsache bemerkenswert, daß sie zweimal gegründet worden ist. Nicht minder bemerkenswert ist die andere Tatsache, daß sie eine Vorgeschichte hat, die sich über einen längeren Zeitraum erstreckt als ihre eigentliche Geschichte. Die Stadt Münster hat am Ausgang des Mittelalters eine bedeutsame Epoche erlebt, die als krönenden Höhepunkt eine Universitätsgründung erwarten ließ. Das waren jene Jahrzehnte um 1500, als die Humanisten und die Brüder vom gemeinsamen Leben in der reichen und angesehenen Hansestadt ein Geistesleben von bewundernswerten Graden erweckten. Aber die berühmte Domschule, an der große Gelehrte tätig waren und aus der große Gelehrte hervorgingen, verwandelte sich doch nicht in eine Universität. Statt dessen gründete König Johann van Leiden das Reich der Wiedertäufer, das alle Gelehrtenarbeit verachtete. Als nach dem Wiedertäuferspuk weitere hundert Jahre ins Land gegangen waren, schien es endlich soweit zu sein. Papst und Kaiser hatten in den Jahren 1629 und 1631 die Gründungsprivilegien verliehen, und die Landstände hatten bereits die ansehnliche Summe von 20 000 Talern für die Gründung einer Universität bewilligt, – aber die Geschichte versagte ihre Zustimmung wieder. Der Dreißigjährige Krieg brachte andere Sorgen über das Land und rückte Münster als Stadt des Friedenskongresses in den Mittelpunkt

Das ehemalige fürstbischöfliche Residenzschloß / Heute Universität
Von Schlaun in den Jahren 1767–1773 erbaut

der europäischen Politik. Als zwanzig Jahre nach dem Kriege der tatkräftige Landesherr Christoph Bernhard von Galen sich des alten Planes annahm, hätte man meinen können, daß die Universität nun endlich gegründet werden würde. Christoph Bernhard sah sich in der Tat der Verwirklichung des Planes sehr nahe. Er überschlug genau, was die Fundation einer Universität von vier Fakultäten kosten würde, und entwarf mit eigener Hand bereits ein Programm für eine Universitätsgründungsfeier von fünf Tagen und für ein Gründungsfestmahl von barocker Fülle und Reichhaltigkeit. Wer hätte nicht mit dabei sein mögen, wenn er liest, was alles Christoph Bernhard auf der Festtafel aufzutischen gedachte: 20 Kälber, 20 Hirsche, 30 Rehe, 15 Wildschweine, 150 Hasen, 500 Rebhühner, 75 große Puter, 150 kleine Puter, 200 Kapaunen, 250 Tauben, 500 Wachteln, 500 große Karpfen, 1000 Schleien, ferner Rheinlachse und Krebse, Weizenbrot aus Cloppenburg, Kuchen aus Meppen und Bier aus Sassenberg, Paderborn, Hamm, Wolbeck und Minden. Dieses Festmahl hatte nur den einen Fehler, daß es nicht stattfinden konnte. Es kam nicht zur Universitätsgründung. Mars regierte weiter die Stunde. Und Kriege und Kanonen verschlangen so viel Geld, daß keins übrig blieb für Kälber, Krebse und Kapaunen. Es mußten weitere hundert Jahre ins Land gehen, bis der rechte Mann den alten Plan erneut aufgriff.

DIE GRÜNDUNG FÜRSTENBERGS

Franz von Fürstenberg kam aus dem Herzogtum Westfalen, von Schloß Herdringen im Sauerlande. Er ist der größte Staatsmann des Fürstbistums Münster geworden. Als Minister und ständiger Vertreter des Kölner Kurfürsten im Fürstbistum Münster erwarb er sich neben großen anderen Verdiensten auch das Verdienst der Gründung der Universität Münster. Sie sollte eine ausgesprochene Landesuniversität sein. Fürstenberg ging so weit, daß er junge einheimische Begabungen für die Universitätslaufbahn ausbilden ließ, um sie dann an seine Universität

Eingang zur alten Universität im ehemaligen Jesuitenkolleg (1615)
Im Kriege zerstört

zu berufen. Trotz dieser selbstgesetzten Begrenzung vermochte Fürstenberg ein Professorenkollegium von bedeutenden Männern zu bilden. Die Entwicklung der jungen, 1773 gegründeten, aber erst 1780 eröffneten Universität war gut und verheißungsvoll, doch die Gunst des Schicksals war nicht beständig. Als

Napoleon die europäischen Verhältnisse in Bewegung brachte, kam Münster im Jahre 1802 zu Preußen, bald darauf zu Frankreich, dann wieder zu Preußen. Freiherr vom Stein entwarf einen großzügigen Plan für den Ausbau der Fürstenbergschen Gründung. Wäre dieser Plan ausgeführt worden, so hätte Münster damals die modernste Universität in allen deutschen Landen erhalten. Aber es kam ganz anders. – Im Jahre 1818 wurde die Universität Münster aufgehoben zugunsten der neugegründeten Universität Bonn. Ein königliches Versprechen, das den ebenfalls zu Preußen geschlagenen Rheinländern gegeben worden war, wurde damit eingelöst. Über die wohlerworbenen Rechte Münsters setzte man sich hinweg. Das nahmen die Westfalen keineswegs stillschweigend hin. Im Gegenteil, ein zäher Kampf um die Wiederbegründung der Universität Münster setzte ein, und ein Abgeordneter sprach das volkstümlich gewordene Wort, die Bonner Riemen seien aus Münsterschem Leder geschnitten. In Münster war von der Fürstenbergschen Gründung nur eine Akademische Lehranstalt geblieben, die später in eine Theologische und Philosophische Akademie verwandelt wurde. Alle weiteren Bemühungen hätten vielleicht nichts genützt, wenn nicht ein westfälisches Mitglied des Preußischen Herrenhauses, Fürst Otto zu Salm-Horstmar (im Volksmund „der schöne Otto" genannt), seinen kaiserlichen Freund Wilhelm II. für die Universität Münster gewonnen hätte. Am 1. Juli 1902 erging die Allerhöchste Genehmigung zur Errichtung einer Rechts- und Staatswissenschaftlichen Fakultät und damit zugleich zur Erhebung der Akademie zur Universität. Das war die zweite Gründung der Universität Münster, die später nach dem kaiserlichen Stifter Westfälische Wilhelms-Universität benannt wurde. Sie ist dann 1914 noch um eine Evangelisch-Theologische und 1925 um eine Medizinische Fakultät erweitert worden. Heute, nachdem ihre im Kriege zerstörten Gebäude und Institute in großzügiger Weise wiedererrichtet worden sind, ist sie die zweitgrößte Universität Deutschlands (nächst München).

Die Bürger Münsters haben den fürstbischöflichen Absolutismus wahrlich nicht geliebt und erst später eingesehen, wieviel jene Zeit zur äußeren und inneren Gestalt Münsters beigetragen hat. Wenn auch der Kurfürst von Köln als Fürstbischof von Münster nicht hier Hof hielt, so wurde die Stadt doch ein bedeutender Mittel- und Ausstrahlungspunkt. Es war nicht die höfische Kultur der aufgeklärten Rokokozeit, sondern ein ganz eigengeartetes geistiges Leben, das sich in der zweiten Hälfte des 18. Jahrhunderts überraschend in Münster entfaltete. Nur dem Humanisten Rudolf von Langen und dem Fraterherrn Johannes Veghe hatte Münster vorher einen gleich bedeutsamen geistigen Auftrieb zu verdanken. Erwecker und führender Kopf dieses neuen Geistesfrühlings war wiederum Franz von Fürstenberg. Er verkündete und vollzog im Verein mit dem Dichter und Rechtslehrer Sprickmann und mit dem Theologen und Pädagogen Overberg eine grundlegende Schul- und Erziehungsreform und hob die Idee christlicher Menschenbildung und Humanität so hoch empor, daß man von weither darauf aufmerksam wurde. Bedeutende Gestalten der Zeit, die es ernst nahmen mit ihrer Bildung und ihrem Christentum, wandten sich Münster zu. Der holländische Philosoph, der Platoniker Hemsterhuis, las Fürstenbergs Bildungsprogramm und gab es der Fürstin Amalie von Gallitzin zu lesen – mit dem Ergebnis, daß beide nicht an den Genfer See, sondern nach Münster reisten. Goethes Jugendfreund Friedrich Leopold Graf von Stolberg kam und blieb. Klopstock und der Wandsbecker Bote Matthias Claudius u. a. traten in diesen Kreis. Und auch Goethe lenkte 1792, von der „Kampagne in Frankreich“ kommend, seine Reisekutsche über Münster, um die Fürstin von Gallitzin und Fürstenberg zu besuchen und einige Tage im Hause der Fürstin in der Grünen Gasse, in diesem „frommen sittlichen Kreise“, zu verbringen. So begegneten sich Weimar und Münster, nicht in Übereinstimmung, aber in gegenseitiger Hochachtung. Jeder beharrte bei seinem Credo. Es war nicht der Geist der Weimarer Klassik, der Münster erfaßt hatte, sondern der Geist christlicher Lebensgestaltung, christlicher Humanität und Nächstenliebe. Familia sacra (heilige Familie) hat man bezeichnenderweise diesen münsterischen Kreis genannt.

AMALIE VON GALLITZIN

Mutter dieser Familie wurde mehr und mehr Amalie von Gallitzin. Diese merkwürdige Frau kam aus der großen Welt. Ihr Weg führte von Berlin über Den Haag nach Münster und Angelmodde. Sie war am 28. August 1748 in Berlin als Tochter des preußischen Generalfeldmarschalls von Schmettau geboren, wurde Hofdame der Prinzessin Ferdinand von Preußen und heiratete mit zwanzig Jahren den russischen Fürsten Dimitri von Gallitzin, der als Gesandter des Zaren in Den Haag lebte. Doch das Leben am Hofe mit seinen diplomatischen Empfängen und Gesellschaften erschien dieser schönen, mit allen Gaben der Natur und des Geistes ausgestatteten Frau schal und leer. Unter dem Einfluß des französischen Enzyklopädisten Diderot und des holländischen Philosophen Hemsterhuis wandte sie sich dem Studium der alten Sprachen, der Mathematik und der Philosophie zu, zog sich auf einen kleinen Meierhof bei Den Haag zurück, legte Reifrock und Schnürbrust und alle modischen Eitelkeiten ab und lebte ganz dem philosophischen Erkenntnisstreben, der Bildung ihrer Seele, der Erziehung ihrer Kinder. Da hörte sie von dem neuen Geistesleben in Münster. Sie kam hierher, reihte sich bedeutsam in den Kreis um Fürstenberg und Overberg ein und ging mit unbeirrbarer Sicherheit und persönlicher Selbständigkeit den eingeschlagenen Weg der geistigen Wandlung zu Ende, indem sie sich ganz von der Aufklärung abwandte und im Christentum aufging. Als sie zusammen mit Fürstenberg und Hemsterhuis Goethe in Weimar besuchte, fand der Dichter es zuerst nicht schön, „aus dem Kostüm der Zeit herauszutreten und als Weib die Weiblichkeit ausziehen zu

Der Kreis von Münster / Gemälde von Theobald von Oer

Von links nach rechts: Franz Kaspar *Bucholtz*, Gutsherr von Welbergen – Dr. Franz Ferdinand von *Druffel*, Arzt – Georg *Kellermann*, Erzieher der jungen Grafen Stolberg (er starb 1847 als erwählter Bischof vor der Konsekration) – Zwei Söhne Stolbergs – Gräfin Stolberg – Graf *Stolberg* – Erbdroste Adolf von *Droste-Vischering* – Generalvikar und Minister a. D. Franz von *Fürstenberg* – Amalie Fürstin von *Gallitzin* – Bernard *Overberg* »Lehrer der Lehrer« und Regens des Priesterseminars – Franz Otto Freiherr von *Droste-Vischering*, Domherr – Clemens August Freiherr von *Droste-Vischering*, später Erzbischof von Köln (»Kölner Ereignis«) – Marianne, Tochter der Fürstin – Caspar Max Freiherr von *Droste-Vischering*, Weihbischof, später Bischof von Münster – Prof. *Kistemaker*, Direktor des Paulinums – Ant. Matthias *Sprickmann*, Dichter und Professor der Rechte – Theodor *Katerkamp*, Professor für Kirchengeschichte – Im Hintergrunde der Sohn der Fürstin, Prinz Demetrius von Gallitzin, Missionar in Nordamerika, später Generalvikar in Philadelphia

wollen". Aber bald bekannte er: „Die Fürstin gehört zu jenen Individuen, von denen man sich gar keine Vorstellung machen kann, wenn man sie nicht gesehen hat. Es ist eine kostbare Seele." Hamann hat das Wesen der Fürstin wohl am tiefsten erspürt, wenn er schreibt, sie sei „an Leidenschaft für Größe und Tiefe des Herzens siech". „Die Fürstin ist ein wahres Wunder ihres Geschlechts." Im christlichen Glauben fand sie als das oberste Gesetz die Gottes- und Nächstenliebe, die sie nun mit ganzer Seele und mit allen ihren Kräften übte. Sie ist am 27. April 1806 in Münster gestorben. Ihr letzter Wunsch wurde erfüllt: „Ich will zu Angelmodde auf dem Kirchhofe begraben sein, an dem Platze, wo man die Armen begräbt."

DER MAGUS IM NORDEN

Wohl niemand hat es damals mit gleicher Gewalt nach Münster gezogen wie den „Magus in Norden", den Königsberger Packhofverwalter und Philosophen Johann Georg Hamann. Der Darmstädter Präsident Friedrich Karl von Moser richtete, als er Hamanns Schrift „Magier aus dem Morgenlande in Bethlehem" gelesen hatte, ein „Treuherziges Schreiben eines Layen-Bruders im Reich, an den Magum in Norden" und stellte sich darin auf Hamanns Seite gegen die rationalistischen, ungläubigen Bibelkritiker: „Lassen Sie andere ihren Irrwischen nachlaufen, Sie haben Seinen Stern gesehen, Sie sind der Magus in Norden." Moser hat damit Hamann den Namen gegeben, unter dem er in die Geistesgeschichte eingegangen ist – „Magus in Norden", der den Stern von Bethlehem gesehen hat und ihm gefolgt ist. Aber kümmerlich lebte der Philosoph in Königsberg, um seine und seiner Kinder Gegenwart und Zukunft besorgt. Da kamen unerwartet verehrungsvolle Briefe aus Münster. Franz Kaspar Bucholtz, Erbherr von Welbergen, bat darum, als geistiger Sohn Hamanns aufgenommen zu werden, bewies ein großzügiges Mäzenatentum, als er dem Philosophen mit 4000 Talern aus seiner schwierigen Lage half, und lud ihn

Amalie von Gallitzin / Zeichnung von Franz Hemsterhuis

ein, nach Münster zu kommen. Als Hamann von dem lebhaften Interesse auch der Fürstin von Gallitzin an seiner Person erfuhr, fragte er verwundert: „Wie kommt Minerva dazu, sich um einen Eulenspiegel zu bekümmern?“ Aber beglückt nahm er die Einladung aus dem fernen Westfalenlande an, denn er spürte, daß man in Münster das tiefste Anliegen seines Herzens verstand. Münster hatte ihn gerufen, und er kam – getragen von der freudigen Erwartung, hier seinesgleichen zu finden. „Nicht Weimar, sondern Münster ... ist der Herd, bei dem ich mich zu ermannen und zu verjüngen hoffe." Der erhabene Eindruck, den die nächtliche Stadt auf ihn machte, läßt zugleich seine eigene Hochstimmung erkennen: „Die Straßen schienen mir lauter Hallen eines vom Altare erleuchteten großen Tempels zu sein." Und Hamann wurde nicht enttäuscht. Die katholische Fürstin hat diesen protestantischen Sokrates verehrt wie einen Heiligen: „Soviel ahndet mir immer mehr, daß Hamann der wahrste Christ ist, den ich noch gesehen habe." Doch sein Aufenthalt im Kreise der Familia sacra sollte nicht von langer Dauer sein und ein betrübendes Ende nehmen. Als die Reisekutsche zum Besuch des Düsseldorfer Freundes Jacobi schon wartete, mußte er die Reise in die Ewigkeit antreten. Am 21. Juni 1788 – auf den Tag ein Jahr nach seiner Abreise aus Königsberg – starb Hamann im Kreise der Familia sacra. Fürstenberg und Overberg schlugen den teuren Toten in wollene Decken und bestatteten ihn abends bei Fackelschein im Garten der Fürstin. So wünschte es Amalie von Gallitzin. Es war ihr „ein unbeschreiblich süßer Gedanke, die Asche dieses Seligen, Großen, so wenig Gekannten, in meinem Garten zu bewahren, dereinst meinen Kindern vielleicht bei diesem Grabe etwas von dem Geist des Verstorbenen einzuhauchen". Und so setzte sie ihm ein würdiges Denkmal (eine Urne auf quadratischem Block) mit der Inschrift: VIRO CHRISTIANO – dem Christen. Hemsterhuis, der holländische Philosoph, hat das Grabmal entworfen. Als nach dem Tode der Fürstin ihr Haus an der Grünen Gasse verkauft und der Garten zu einem Kartoffelacker geworden war, lag das Grab des großen Philosophen bald einsam und vergessen, bis der Zustand dem König vorgetragen wurde. Friedrich Wilhelm IV. stellte Mittel zur Verfügung, und so erfolgte 1851 die Umbettung Hamanns auf den Überwasserfriedhof.

Das Grabmal des Philosophen Hamann auf dem Überwasserfriedhof

Wäre Goethe statt im Dezember schon im September in Münster eingetroffen, so hätte er, der seinen münsterschen Gastgebern soviel von römischen Volksfesten erzählte, auch ein altes münstersches Volksfest kennenlernen können: die Lambertusfeier, die aus frühester Zeit stammt und bis auf den heutigen Tag mit ursprünglicher Lebendigkeit begangen wird. Wer in den Tagen, da der Sommer zu Ende geht und Abenddämmerung herbstlich früh sich um das geschäftige Treiben in den Straßen breitet, nach Münster kommt, dem bietet sich dieses eigentümliche Schauspiel dar: In alten Gassen und Seitenstraßen, auch auf Plätzen und Hinterhöfen sieht er blumen- und lichtergeschmückte Pyramiden stehen. Kinder umtanzen sie und singen dabei seltsame Lieder. „Lambertus sall liäwen, de häff uss so leiff. Well dat nich kann miärken, dat is en dumm'n Sleif." Sie singen alte münstersche Volkslieder, singen Frage und Antwort: „Guter Freund, ich frage dir – Bester Freund was frägst du mir – Sag mir, was ist eine." Singen und Tanzen, Rede und Gegenrede steigern sich zu lebendigem, fröhlichem Spiel, wenn ein Bauer mit Kittel, Pfeife und Knotenstock erscheint. Er tritt in den Kreis und wird begrüßt:„ O Buer, wat kost't din Hai?" Sein Heu kostet eine „Kiärmißkraun". Und nun wählt er sich, so will es das Lied, aus der singenden, tanzenden Schar eine Kiärmißfrau, einen Kiärmißknecht, eine Kiärmißmagd, ein Kiärmißkind. Andere alte Lambertuslieder klingen auf. „Ein Edelmann ging zum Tore hinaus. Der Schäfer trieb seine Lämmerlein hinaus" und „Der Herr, der schickt den Jäger aus, sollt' die Birnen schmeißen." So geht es fort, bis die Lichter an den Pyramiden verlöschen und die Kinderscharen sich verlieren. Was an solchen Septemberabenden geschieht, ist ein alter münsterischer Volksbrauch, wahrscheinlich der älteste, der sich erhalten hat. Vielleicht erinnert er an den herbstlichen Tag, da in den Wohnstuben und Werkstätten das Licht wieder aufflammte. Vielleicht geht er auf ein altgermanisches Sonnenkult-

Die Lambertusfeier / Ölgemälde von Bernhard Bröker (Ausschnitt)

fest zurück, das christianisiert und in eine Feier zu Ehren des Patrons der alten Stadtkirche St. Lamberti umgewandelt worden ist. Diesem lebendigen Brauch ist neben der Lambertikirche ein Denkmal gesetzt worden, das zwar den Bomben zum Opfer gefallen war, aber inzwischen neu errichtet wurde.

DER GOLDENE HAHN

Im alten Rom haben einmal schnatternde Gänse das Kapitol gerettet und damit die Stadt vor dem Untergang bewahrt. Als die Wachen und sogar die Hunde auf der belagerten Burg schliefen, weckten die Gänse durch ihr Schnattern den Burghauptmann, der im letzten Augenblick einen Überfall der Gallier, die schon den Burgfelsen emporkletterten, vereiteln konnte. Nicht schnatternde Gänse, aber ein aufgeregter Hahn soll einmal das alte Münster aus großer Not und Gefahr befreit haben, so daß sein Andenken bis auf unsere Tage gekommen ist. Als die Stadt einst hart belagert und ausgehungert wurde, wollte ein Ratsherr seinen letzten Hahn schlachten. Der Hahn aber merkte, daß sein Herr nichts Gutes mit ihm vorhatte, und entwich im letzten Augenblick. In begreiflicher Aufregung, krähend und mit den Flügeln schlagend, rettete er sich auf das nahe Aegidiitor. Als die Belagerer draußen vor den Wällen das sahen, ließen sie den Mut sinken und alle Hoffnung fahren. Sie hatten geglaubt, in Münster sei schon große Hungersnot, so daß die Stadt in kurzem ihre Tore öffnen und sich ergeben müsse. Als sie aber den Hahn auf dem Aegidiitor sahen und krähen hörten, nahmen sie an, daß in der Stadt an Lebensmitteln längst noch kein Mangel sei, und zogen ab. Der Ratsherr aber, dem der Hahn gehörte, wurde von der dankbaren Stadt zum Bürgermeister gewählt. In Anerkennung der großen Verdienste seines Hahnes um das Wohl der Stadt ließ er einen silbernen Hahn anfertigen, der im Laufe der Zeit zu hohen Ehren kam und noch heute zum Ratsschatz gehört. Die Kunstgeschichte hat zu dieser Sage festgestellt, daß der vergoldete silberne Hahn ein Werk des Nürnberger Goldschmiedes Jörg Ruel (1598–1625) sein muß. Er läßt sich öffnen und enthält einen kleinen und einen großen Trinkbecher. Beim Ratszech hat er eine gewichtige Rolle gespielt. Jeder neu gewählte Bürgermeister mußte den gefüllten Hahn (acht Zehntel Liter) in einem Zuge auf das Wohl der Stadt leeren. Der goldene Hahn wird auch als Ehrenbecher der Stadt Münster gebraucht. In ihm ist bis auf den heutigen Tag manchem hohen Gast der Ehrentrunk dargebracht worden.

ERINNERUNG AN PEST UND BRAND

Besseren Schutz als ein sagenhafter Hahn wird der Wächter auf dem Turm gewährt haben. Oft haben im Laufe der Jahrhunderte die Brandglocken unheilvolle Botschaft über die Dächer der Stadt getragen und den erscheckten Bürgern vermeldet, daß ihren Behausungen Gefahr drohte. Mittelalterliche Brände pflegten anders, als es heute im Zeitalter der Stein-

Der vergoldete Silberhahn aus dem Ratsschatz der Stadt Münster

häuser und Feuerwehren zu befürchten ist, um sich zu greifen. Mit unersättlicher Gier fraßen sie sich von Haus zu Haus, von Gasse zu Gasse fort, und wenn der Wind mit ihnen im Bunde

Das Pestkreuz oder Der schwarze Herrgott im Dom (um 1480)

war, konnten sie nur schwer gelöscht werden. Das hat auch Münster zu wiederholten Malen erfahren. Kam dann noch Hungersnot oder die ansteckende, todbringende Pest hinzu, wurde die Bedrängnis doppelt groß. So ist es im Jahre 1382 in Münster gewesen. Verheerend ging die Pest durchs Land. Die alte Bischofschronik berichtet, daß „meer dan achte dusend lude“ (mehr als achttausend Leute) an ihr gestorben seien. Das wird mehr als die Hälfte der damaligen Einwohner gewesen sein. Doch dieses Unheil kam nicht allein. An einem Sonntag des folgenden Jahres begannen auf den Kirchtürmen die Brandglocken zu läuten. Bei einem Fest der Kürschner- und Pelzergilde in einem alten Wirtshaus nahe bei der Servatiikirche war Feuer ausgebrochen, das unheimlich schnell um sich griff und von einem heftigen Winde von Dach zu Dach getrieben wurde. 400 Häuser zwischen Servatiikirche und Georgskommende fielen in wenigen Stunden in Asche, auch die Ludgeri- und Aegidiikirche blieben nicht verschont. Die ganze Stadt wäre abgebrannt, wenn nicht nach bangen Stunden ein starker Regen eingesetzt und dem Feuer Einhalt geboten hätte. Am nächsten Tage, es war an einem Montag, zogen der Bischof und die beiden Bürgermeister, begleitet von den Geistlichen und Ratsherren und der ganzen Bürgerschaft, in einem langen Trauer- und Bittzuge um die große Brandstätte. Das war die erste Große Prozession Münsters, die damals für alle Zeiten gelobt worden ist und die seitdem als frommer Brauch durch sechs Jahrhunderte die Erinnerung an jene Pest- und Brandjahre wachgehalten hat.

DAS SENDSCHWERT

„Ein tiefer Sinn wohnt in den alten Bräuchen.“ Dreimal im Jahr wird am Rathaus ein strenges Richtschwert ausgesteckt. Dann ist Send, das heißt: Kirmes und großer Jahrmarkt, der seit mehr als 350 Jahren unter dem Zeichen dieses Schwertes steht. Der münsterische Send hat seinen Namen von den Synoden, die der Bischof zweimal im Jahre berief. Zu den Sendgerichten, die im Domparadies stattzufinden pflegten, strömte in der Stadt wie zu mittelalterlichen Kirchenfesten viel Volk zusammen, und die beste Voraussetzung für große Märkte war gegeben. Die Chronik berichtet, der Rat habe im Jahre 1574 beschlossen, während der großen Märkte als Zeichen der Markt-

Das Sendschwert, wie es an Sendtagen am Rathaus ausgestreckt wird

gerichtsbarkeit ein Richtschwert am Rathaus anzubringen, wie vordem am Dom eine Marktfahne gezeigt worden war. Dieses Richt- und Sendschwert erinnert an das aufgerichtete Schwert in der Faust der Rolande, die auf den Marktplätzen in Bremen und anderen niederdeutschen Städten stehen. Es bedeutete zweierlei: Marktfreiheit und Gerichtsbarkeit. Solange es am Rathaus stand, konnte frei gekauft und verkauft und Handel getrieben werden. Es war aber auch ein Zeichen unerbittlicher Halsgerichtsbarkeit und eine drohende Warnung für rauflustige Marktbesucher. Wer auf einem Send Schlägereien verursachte und jemanden tätlich verletzte, hatte das Leben verwirkt und mußte mit dem Tode büßen. Später wurde diese scharfe Bestimmung gemildert. Wer nicht viel verbrochen hatte, konnte mit einer Geldstrafe Sühne leisten. Auch heute noch wird zu den Sendzeiten, die auf die Frühjahrssynode der Fasten, das Patronatsfest des Domes Peter und Paul im Juni und das herbstliche Kirchweihfest im Oktober zurückgehen, das Schwert am Rathaus ausgesteckt, freilich nicht mehr als Zeichen der Gerichtsbarkeit. In der jahrhundertealten Übung wird ein sinnvolles Erbe gehütet: Das aufgerichtete Sendschwert ist uns heute ein Sinnbild zeitüberdauernder Ordnung und Gerechtigkeit.

DIE VERDORRTE HAND

Zarte Gemüter werden von einem Gruseln erfaßt, wenn sie im Friedenssaal des Rathauses eine gespenstige verdorrte Menschenhand erblicken. Sie liegt auf einem alten, truhenähnlichen Kästchen, in dem sie seit Jahrhunderten aufbewahrt worden ist. Nach der Bemalung und dem Eisenbeschlag zu urteilen, stammt das Kästchen aus dem 16. Jahrhundert, also etwa aus der Wiedertäuferzeit. Vermutlich ist die Hand ebenso alt. Ob sie eine schaurige Erinnerung an die Wiedertäufer ist? Wir wissen es nicht. Keine geschriebene Zeile noch mündliche Überlieferung deutet darauf hin. Ein undurchdringliches Dunkel umhüllt diese Menschenhand und gibt keine Antwort auf die Fragen, wem sie gehört hat und warum sie im Rathaus aufbewahrt worden ist. Man hat lange geglaubt, es sei die rechte Hand eines Notars, dem sie abgehackt wurde, weil er ein Dokument gefälscht hatte. Als abschreckendes und warnendes Zeichen strenger Bestrafung sei dann die abgehackte Hand aufbewahrt worden. Die Geschichts- und Rechtsforscher sind anderer Meinung. Sie halten die verdorrte Hand für ein Leibzeichen, wie es aus der Rechtspflege des deutschen Mittelalters vor der Einführung des römischen Rechts bekannt ist. Wenn in jener Zeit jemand getötet worden war, so pflegte man nach deutscher Rechtsübung nicht den ganzen Leichnam vor Gericht zu brin-

Die seit Jahrhunderten im Rathaus aufbewahrte Menschenhand

gen, um die Totschaftsklage zu erheben. Man schnitt dem Toten in Gegenwart von Zeugen einen Finger oder eine Hand ab. Dieser Körperteil galt dann vor Gericht nach der Bekräftigung der Zeugen als Sinnbild des Erschlagenen und als Beweis dafür, daß die Tötung wirklich geschehen sei. Ob die verdorrte Hand ein solches Leibzeichen ist? Mit Sicherheit ist auch das nicht zu sagen. Aber – so dürfen wir vermuten – wenn nicht etwas besonders Denkwürdiges oder Bedeutsames mit dieser Hand verknüpft wäre, würde sie nicht im Rathaus Aufnahme gefunden haben. Und doch, wie seltsam: Die Geschichte, die sie offenbar machen und dem Gedächtnis der Nachwelt erhalten sollte, weiß niemand mehr.

Eine alte Stadt ist wie ein alter Mensch. Beide haben ein gefurchtes Antlitz, in dem man lesen möchte. Die Schicksale des Lebens haben tiefe Spuren hinterlassen. Es gab in Münster verwitterte Häuserviertel, in deren stillen Gassen man den Anhauch vergangenen Lebens zu verspüren meinte. In ergrauter Schönheit dauerten sie fort, wie sie schon vielen Geschlechtern gedient hatten. Sie hätten lange Geschichten erzählen können, wenn ihnen die Sprache des Wortes gegeben wäre, aber sie schwiegen, steinern und stumm, und verrieten ihr Geheimnis nicht. Was hatten sie gesehen und erlebt? Wohnte Liebe oder Haß, Freude oder Leid unter diesen vermorschten Dächern? War das Glück oder das Unglück hier zu Gast? Kehrte das Leben oder der Tod häufiger hier ein? Mit solchen Fragen mochte man durch die alten Gassen gehen, ohne eine andere Antwort zu finden als die, daß Lebensglück und Lebensleid, Geburt und Tod hier wie überall sich abgelöst hatten. Aber im Katthagen, an der Zwölfmännergasse im Überwasserviertel, stand ein Haus, das mehr zu berichten hatte. Zwölfmännerhaus hieß es, weil es zwölf Männern ein Dach für ihren Lebensabend bieten sollte. Als Stiftung eines Bischofs wird es bereits im 12. Jahrhundert erwähnt. Es sollte ursprünglich nur ein Altersheim für zwölf Diener der Domkapitulare sein, dic als Pfründner hier einzogen, nachdem sie treu gedient hatten, doch bot es bald auch anderen Männern eine Herberge. Die zwölf Greise beschlossen ihr Leben nicht wie die Bewohner eines Armenhauses, verborgen und vergessen. Sie erfuhren eine besondere Ehrung durch einen Brauch, der bis in unser Jahrhundert beibehalten worden war. Jährlich einmal machten sie einen Umzug aus dem Zwölfmännerhaus auf den Domplatz, und am Gründonnerstag waren sie im Dom Mittelpunkt einer sinnbildlichen Handlung. Dann wusch und küßte ihnen der Bischof persönlich die Füße. Darauf zogen die zwölf Greise sich wieder in ihr Heim zurück, um im nächsten Jahr wiederzukommen, wenn nicht inzwischen der Tod einen aus ihrer Mitte hinweggeholt hatte. In der Geldentwertung nach dem ersten Weltkriege ist die Stiftung erloschen, und der zweite Weltkrieg hat nur Erinnerungen an das Zwölfmännerhaus bestehen lassen.

DER GUTE MONTAG

In Münster und Wien gibt es die übereinstimmende mündliche Überlieferung, daß in der Zeit der Türkenkriege Bäcker aus Münster Wien vor der Eroberung durch die Türken bewahrt haben. Die münsterschen Bäcker hatten bei ihrer Nachtarbeit in einem Erdgeschoß bemerkt, daß unter ihnen die Türken am Werke waren, unterirdische Gänge in die Stadt zu graben. Sie meldeten ihre Beobachtungen dem Kommandanten von Wien und vereitelten dadurch den Plan der Muselmanen. „Es waren Bäcker aus Münster, welche auf solche Weise Wien retteten", heißt es in einer ehrenvollen Einladung, die 250 Jahre später die münstersche Bäckergilde von Wien erhielt, als die Stadt ihre Befreiung von der Türkenbedrohung in feierlichen Veranstaltungen beging. Der Kaiser soll seinerzeit den Rettern der Reichshauptstadt eine Belohnung zugesagt haben, die sie sich selber wählen konnten. Die münsterschen Gesellen baten nicht um Geld und Gold, sondern um einen arbeitsfreien Tag, den „Guten Montag", den sie in ihrer münsterschen Heimat als Fest ihrer Zunft zu feiern gewohnt waren. Ihre Bitte wurde ihnen gewährt, und als sie von Wien, wo sie als junge Gesellen auf der Wanderschaft durch die deutschen Gaue kurze Zeit tätig gewesen sein werden, nach Münster zurückkamen, wurde der „Gute Montag" der münsterschen Bäckergilde zu einem Erinnerungstag an jenes geschichtliche Ereignis in Wien, wo ihre Gesellen in jeder Weise auf dem Posten gewesen waren. Das ist die feste Überzeugung und Überlieferung der Gilde, obwohl historische Belege fehlen. Der „Gute Montag" wird als das stolze Fest einer alten Zunft alle drei Jahre mit Bäckerkönigin und Fahnenschlag vor Bischof, Landesdirektor,

Fahnenschlag am Guten Montag / Ölgemälde von Theo Junglas

Regierungspräsident und Oberbürgermeister gefeiert. Es ist ungewiß, wann er entstanden ist. Vor mehr als 300 Jahren ist er schon begangen worden. Vermutlich ist er aus dem Frühlingsbrauchtum der Handwerkergilden hervorgegangen.

DAS VATERLAND DER SCHINKEN

In der dichterisch gestalteten Sage von der Erschaffung des ersten Westfalen steht das Schwein am Anfang: „Und als einz'ge Bewohner des Landes fand er Schweine, genährt von den Eicheln der Wälder" (Robert Hamerling). Grimmelshausen läßt in seinem Roman „Abenteuerlicher Simplicius Simplicissimus" seinen Helden vor einem westfälischen Rauchfang, einem Wiemen, in Verzückung geraten: „O mirum! Da sah ich, daß der schwarze Himmel auch schwarz voller Lauten, Flöten und Geigen hing, ich vermeinte aber die Schinken, Knackwürste und Speckseiten, die sich im Kamin befanden; diese blickte ich trostmütig an, weil mich bedünkte, daß sie mit mir lachten." Heinrich Heine aber ist es gewesen, der das Münsterland das „Vaterland der Schinken" genannt hat. Doch es ist nicht der Schinken allein, der vom Schwein zu Ansehen gekommen ist. In Verbindung mit Großen Bohnen kam Speck in den Sommermonaten in Stadt und Land auf den Tisch. Wer hält überhaupt die Erzeugnisse des Landes mehr in Ehren als die Münsterländer? Sein Pumpernickel ist von Landfremden mit gemischten Gefühlen betrachtet worden. Fabio Chigi, der päpstliche Gesandte auf dem Friedenskongreß, hat sich vor ihm entsetzt („Ecce panis Westphalorum!"), und der französische Dichter Flaubert hat ihn „eine gotische Nahrung" genannt, wobei man nicht an die gotische Kunst, sondern lediglich an die Goten der Völkerwanderung denken soll. So ähnlich mag in der Tat das Brot der alten Germanen gewesen sein. Sachverständige haben Gesundheit und Charakter der Westfalen, die im Münsterlande, am Hellweg und im Osnabrückischen wohnen, auf den regelmäßigen Genuß dieses kräftigen Brotes zurückgeführt. Das scheint auch die Meinung des letzten Fürstbischofs Max Franz gewesen zu sein, des jüngsten Sohnes der Kaiserin Maria Theresia, von dem der französische Emigrant Kanonikus Baston in seinen Memoiren berichtet, „daß er möglichst immer viel Pumpernickel in seinen Wagen packt, wenn er heim nach Wien fährt, damit er länger das Vergnügen hat, ihn essen zu können".

BEI PINKUS MÜLLER

Der Münsterländer soll wortkarg, ungastlich und ungesellig sein. Er hat allerdings nicht die leichteste Zunge, sie muß erst gelöst werden, dann kann er besser erzählen, als mancher glaubt. Einen angeborenen Sinn aber für Gastlichkeit und Gemütlichkeit kann man ihm nicht absprechen. Hätte er ihn nicht, er würde nie zum Mittelpunkt seines Hauses das Herdfeuer gemacht haben, an dem sich die Hausgenossen mit Gast und Nachbar wärmen und mitteilen können. Das Herdfeuer war der

In der Altbierküche Pinkus Müller / Ölgemälde von Eugen Fernholz

Ort geselligen Beisammenseins. Es war auch der Mittelpunkt der münsterschen Altbierküche, die ohne große Veränderungen aus der altwestfälischen Bauernküche entstanden ist. Die Altbierküche ist ein Stück von Altmünster und seiner behaglichen Geselligkeit. Hier saßen Handwerker und Juristen, junge Studenten und alte Semester als gleichwillkommene Gäste in fröhlicher Runde beisammen, und mancher hat es der blanken Tischplatte eingegraben, wie „kannibalisch wohl" er sich gefühlt hat. Die Altbierküche hat ihren Namen von dem münsterschen Altbier, das nach einem alten Brauverfahren aus Hopfen, Malz und obergäriger Hefe gebraut wird und durch lange Lagerung einen weinsauren Geschmack bekommt. Früher ist es in Münster so gewesen, daß jede Altbierküche auch ihre eigene Altbierbrauerei hatte. Um die Mitte des vorigen Jahrhunderts gab es noch 400 Altbierkneipen, ein halbes Jahrhundert später nur noch 41 und nach dem ersten Weltkriege nur noch eine. Diesen Wandel hat in erster Linie die Wasserleitung bewirkt, die 1880 angelegt wurde. Mit dem Brunnenwasser hatten die Münsteraner schlechte Erfahrungen gemacht. Nun konnten sie ohne Gefahr für die Gesundheit außer Altbier auch Wasser trinken. Es kam dann die Notzeit des ersten Weltkrieges, als den Bierbrauereien nur noch wenig Getreide zugeteilt wurde. Zudem mußten die großen Kupferkessel der Brauereien als Edelmetall abgegeben werden. Das war gerade für kleinere Brauereien sehr hart. So erklärt es sich, daß in der Ungunst der Zeit nur einer überlebte, der nach wie vor entschlossen war, nach alter Weise weiter Altbier zu brauen und auszuschenken: Jans Müller mit seinem Sohn Carl vulgo Pinkus. In seiner Altbierküche ist Altmünster noch gegenwärtig. Den Gastraum beherrscht ein großer Rauchfang, in dem über dem Herdfeuer Schinken baumeln und würzig duften. Mit altwestfälischem Hausrat ist die Kneipe ausgestattet. Binsenstühle stehen um blanke Tische, zinnerne Teller und Krüge auf Anrichte und Boosen, Altbierbullenköppe über der Theke. Und an den Balken unter der Decke stehen beherzigenswerte Sprüche wie dieser:

Dat man dat Drinken nich to bieten bruk,
Dat is doch mähr äs prächtig.
Ick faoll de Hände üövern Buk
Un priese Gott andächtig.

DER TOLLE BARON GISBERT VON ROMBERG

Wenn einmal der gediegenste und originellste Eulenspiegel der neueren Zeit gefunden werden sollte, würde Münster zwei aussichtsreiche Namen nennen können: den tollen Baron von Romberg und seinen Zeitgenossen, den weit über Münster und Westfalen hinaus bekannten Professor Landois. Der tolle Baron, der in der zweiten Hälfte des vorigen Jahrhunderts auf seiner Wasserburg Buldern im Münsterlande hauste und von dort nach Münster zu fahren und zu reiten pflegte, ist im

Der Tafelsprung des tollen Barons
Ölgemälde von Fritz Grotemeyer in der Gaststätte Aegidiihof

wirklichen Leben ein Eulenspiegel gewesen, wie ihn die Sage nicht echter hätte erfinden können. Die übermütigen Streiche und Hanswurstiaden, die ihm nachgesagt werden, klingen oft unglaublich, aber Augenzeugen und deren Nachfahren versichern, daß sie genau so geschehen seien – wenn auch inzwischen Dichter, Jäger und erzählfreudige Herdfeuerseelen manches hinzugetan und als nicht minder wahr bekräftigt haben mögen. Ein mündliches Erzählgut hat sich um diese Gestalt gerankt, an der sich die Phantasie des Volkes entzünden konnte. Das „Etablissement des Kunstbäckers Louis Midy" ist der Schauplatz der meisten Streiche des tollen Barons gewesen. Dort waren die münsterschen Kürassiere, zu deren Offizieren Gisbert von Romberg gehörte, die Genossen seiner feuchtfröhlichen Gelage. Alte Rechnungen bezeugen es, daß er ein königlicher Zecher und Verschwender gewesen ist. Fritz Grotemeyer hat einige seiner Heldentaten in großen Gemälden dargestellt, die heute in der Gaststätte Aegidiihof hängen. In einem sechsspännigen Wagen und mit fürstlichem Aufzug ist Romberg einmal, begleitet von Fanfarenbläsern, in die Stadt gezogen, hat auf dem Roggenmarkt gehalten und sich hoch oben auf dem Bock seines Wagens – rasieren lassen, um den Ausspruch eines Abgeordneten: „Der westfälische Adel steigt nicht ins Volk hinab" anschaulich darzustellen. Ein andermal ist er hoch zu Roß die Treppe hinauf in sein Stammlokal und über die gedeckte Tafel hinweggeritten – zum großen Schrecken der versammelten Stammtischrunde, in der nur Landois der Situation gewachsen war. Er begrüßte ihn schlagfertig mit dem Ausruf: „Kiek, dao kümp dat Roßbäff!"

DE UNWIESE PROFÄSSER

Am Rande des alten Zoologischen Gartens erhob sich ein burgähnliches Verließ. Hier in der „Tuckesburg" hauste Professor Landois auf seine Weise als Wildgraf Tucks. Sein Schüler Hermann Löns hat ihn Münsters volkstümlichsten Mann und ein Wahrzeichen Westfalens genannt. Dieser westfälische Eulenspiegel hatte wissenschaftliche Hintergedanken. Es ist schwer zu glauben, daß ein Mensch so viel Narretei treiben und gleichzeitig ein so gewaltiges und sinnvolles Lebenswerk schaffen kann. Landois seufzte wie Faust, daß er „leider auch

So hat Professor Hermann Landois sein eigenes Denkmal eingeweiht, das als „Denkmal des Gründers“ in den neuen Zoologischen Garten versetzt worden ist.

Theologie“ studiert hatte, wandelte sich aus einem Theologen in einen Zoologen, wurde berühmter Forscher, auf den die wissenschaftliche Welt des In- und Auslandes Auszeichnung über Auszeichnung häufte, gründete den Zoologischen Garten und das Landesmuseum für Naturkunde, schrieb dabei viele wissenschaftliche Werke und plattdeutsche Erzählungen und Bühnenstücke, sammelte verwandte Seelen um sich zu geheimnisvollem Bärentatzenessen, und was er bei Sonntagnachmittagsbelustigungen für groß und klein zum Gedeihen seines Zoologischen Gartens zu bieten pflegte, davon erzählten noch lange ergraute Münsteraner gern. Alles tat er für seinen Zoologischen Garten, der auf eine so originelle Weise entstanden ist wie kein anderer der Welt. Er richtete zunächst Skatabende ein. Die Gewinne flossen in eine „Affenkasse“. Es wurde weiter Skat gespielt, bis die Gewinne reichten, auch ein Häuschen für Meerschweinchen zu erbauen. Schließlich ging man, um schneller zu Geld zu kommen, zu plattdeutschen Theateraufführungen über. Als Professor Landois alt wurde, setzte er seinen bisherigen Streichen die Krone auf, indem er sich selbst noch zu seinen Lebzeiten vor seiner Tuckesburg ein Denkmal errichtete, das er in derselben Tracht und Haltung, in der er auf dem Denkmal dargestellt ist, mit einer Gedächtnisrede auf sich selbst einweihte. Allen humorlosen Nörglern aber hat er im voraus die echt Landois’sche Antwort gegeben in einem langen plattdeutschen Gedicht:

Well’t seihn will, kumm un kiek’t sik an,
Et iß nich to verachten,
Un well’t von vüörn nich lieden kann,
Mag’t Achterdehl betrachten!

DIE RIESENAMMONITEN

Im Landesmuseum für Naturkunde, das Hermann Landois mit reichen Sammlungen aus der lebenden und ausgestorbenen Tier- und Pflanzenwelt Westfalens begründet hat, stehen im

Der Riesenammonit im Landesmuseum für Naturkunde / Abgüsse dieses größten Ammoniten der Welt finden sich in allen großen Naturkundemuseen wie Brüssel, Paris, Genf, London, Los Angeles

Lichthof die beiden berühmten Seppenrader Riesenammoniten. Der größere ist 2,55 Meter hoch und wiegt 70 Zentner. Er gilt als der größte Ammonit, der je auf der Erde gefunden worden ist. 1895 ist er in einem Steinbruch bei Seppenrade südlich von Münster ausgegraben und nach Münster geholt worden. Versteinerte Ammoniten sehen zwar aus wie Schnecken, sie gehören aber zur Klasse der Kopffüßler. Sie haben vor rund 60 Millionen Jahren dort gelebt, wo sie gefunden wurden. So erinnern die Seppenrader Ammoniten an die Urzeit, als auch über dem Münsterland noch Meer war, in dem solche riesige Kopffüßler oder Tintenfische leben konnten.

Wie ein Zeuge der guten, biedermeierlichen Zeit, deren Gemütlichkeit und Ruhe der tolle Baron von Romberg und der „unwiese Profässer“ Landois zu stören beliebten, mutet heute der Kiepenkerl an. Er ist von Hause aus der münsterländische Landbote, der den Handel zwischen Stadt und Land vermittelte. Aber mit der Entwicklung des Verkehrs konnte er nicht Schritt halten. Auf seinen Nagelschuhen war der Wettlauf mit Eisenbahn und Lastauto nicht zu bestehen. Sein Bruder aber hat schon früh fern der Heimat sein Glück in aller Herren Länder gesucht. Tödden hießen diese reisenden Handelsmänner aus dem nördlichen Münsterlande. Der Name soll so viel wie Zugvögel bedeuten. Sie legten bald die Kiepe ab und fuhren mit Planwagen über Land, vergaßen aber nicht, regelmäßig in die Heimat zurückzukehren, auch wenn sie in der Fremde Handelsglück hatten und reich geworden waren. Zu tief steckte ihnen das Heimaterbe im Blute. Im Grunde ihres Wesens waren sie auch als Großkaufleute, die nicht mehr nur die Erzeugnisse des Landes in der Kiepe trugen, Kiepenkerle geblieben. Mancher Inhaber eines großen Handelshauses, das heute im In- und Auslande reich und mächtig ist, führt seinen Stammbaum auf einen Tödden, einen Kiepenkerl, zurück und ist stolz auf diesen Ahnvater. In Münster ist dem Kiepenkerl in geziemender Weise ein Standbild gesetzt worden. Es steht auf dem Spiekerhof vor einer Gruppe kleiner, neuer Giebelhäuser, die zu ihm passen wie er zu ihnen. Er ist mit Pfeife und Knotenstock ausgerüstet, trägt Mütze und Halstuch und den langen Leinenkittel, neben ihm steht der kleine Henkelkorb, den er am Arm zu tragen pflegte. Auf dem Rücken aber hat er die Hauptsache: die Kiepe, den Tragkorb, gefüllt mit den Erzeugnissen des Landes wie Eier und Butter und Gemüse, Hasen und Schinken und andere schöne Sachen, die er nach Münster auf den Markt trug. Auch sein Standbild war in den Greueln der Verwüstung gestürzt worden. Doch seine nieder-

Der Kiepenkerl vor neuen Giebelhäusern

deutschen Freunde haben es bald wieder aufrichten lassen. An seiner Enthüllung im Herbst 1953 nahm Bundespräsident Theodor Heuss teil und benutzte die Gelegenheit, der Stadt Münster ein großes Kompliment zu machen und zu sagen, was er von ihr halte: „Wenn ich in einer schönen Stadt war, habe ich immer gesagt, sie sei die zweitschönste in Deutschland, ob es nun Bamberg oder Bremen war. Damit provozierte ich die Frage, welches denn die schönste sei. Und dann habe ich gesagt: – Münster."

DAS KRAMERAMTSHAUS

Schon im frühen Mittelalter sind münstersche Kaufleute über Land und Meer gefahren nach Flandern und England, nach den nordischen Ländern bis Gotland und Livland. Groß ist ihr Anteil an dem weltweiten Werk, das niederdeutscher Kraft und Umsicht zu danken ist: an der Kolonisation des deutschen Ostens und am Fernhandel der Hanse. Überall, wo hansische Kaufleute hindrangen, in Brügge und Bergen, in Lübeck und London, in Danzig und Wisby, in Reval und Nowgorod waren auch Handelsherren aus Münster anzutreffen. So zahlreich und stark waren sie, daß sie wie die Lübecker und Soester in Riga eine eigene Handelsniederlassung gründen konnten, den Hof von Münster oder „Die Große Stube von Münster", wo die westfälischen Kaufleute wohnen und ihre Waren stapeln konnten. Manche münstersche Kaufleute haben vom Ertrag ihres kühnen Fernhandels im Verband der Hanse sich die prachtvollen Häuser am Prinzipalmarkt gebaut und zum Wohlstand der mittelalterlichen Stadt beigetragen. Sie hatten schon vor 450 Jahren den Plan, Münster durch einen Kanal mit dem Meere zu verbinden. Am Alten Steinweg steht noch heute ihr prächtiges Gildenhaus, das Krameramtshaus aus dem Jahre 1588. Am Kamin des Saales ist der überlieferte Wahlspruch dieser münsterschen Kramer angebracht: „Ehr is dwang gnog" (Ehre ist Zwang genug). Als mit dem Friedenskongreß die hohe Politik in Münster einzog, mußten Domkurien, Adelshöfe, Gildehäuser

Das Krameramtshaus / Heute Stadtbücherei

und auch vornehme Bürgerhäuser als Quartiere der Gesandten zur Verfügung gestellt werden. Im Krameramtshaus haben von 1646 bis 1648 die niederländischen Gesandten gewohnt.

Nur zwei Häuser vom Krameramtshaus entfernt steht im Schatten von Sankt Lamberti ein noch älterer Zeuge bürgerlicher Baukunst, das Eckhaus Alter Steinweg / Alter Fischmarkt. Es hat nach der Wiedertäuferzeit die Gestalt bekommen, in der es erhalten werden konnte. Seine Schauseite mit spätgotischem Maßwerk und prächtigem Erker findet immer wieder Bewunderer. Es beherbergt heute die älteste Buchhandlung Münsters. Die aber hat eine besondere Geschichte. Etwa zur selben Zeit, da dieses Haus erstand, wurde in Münster ein Unternehmen der neuen „schwarzen Kunst“ geplant. Lambert Raesfeldt gründete 1591 mit kurfürstlichen Privilegien in der alten Tzwyvel'schen Presse (vgl. S. 63) eine Buchdruckerei, die bald von sich reden machte. Von Anfang an war er darauf bedacht, die heiligen Schriften „in düsser Sassenschen oder Westfälischer sprake“ zu drucken. Als er 1617 starb, hatte er nicht weniger als 207 Werke in lateinischer, deutscher und niederdeutscher Sprache herausgebracht, wie Bernhard Lucas in seiner Doktorarbeit nachgewiesen hat. Fürstbischof und Domkapitel haben seine Tätigkeit stets gefördert. Als die Domschule mehr als 1100 Schüler hatte und als Gymnasium Paulinum ein neues größeres Kollegium an der Johannisstraße erhielt, durfte Lambert Raesfeldt sein *officium typographicum* in Räumen der alten Domschule am Horsteberg einrichten. Am 10. Januar 1595 schloß das Domkapitel einen Mietvertrag mit ihm. Für diesen Vertrag und seine Geltungsdauer gibt es in der deutschen Verlagsgeschichte wohl keine Parallele. Er ist von beiden Parteien in guten und in bösen Zeiten mit einer Vertragstreue sondergleichen gehalten worden von 1595 bis 1945. Genau 350 Jahre haben Lambert Raesfeldt und seine Nachfolger ihre Betriebsstätten am Horsteberg unterhalb des Domes gehabt, bis im Bombenkrieg die Gebäude zerstört wurden. In der ganzen langen Zeit ist das Unternehmen immer wieder vom Vater auf den Sohn oder die Tochter vererbt worden und durch 396 Jahre in derselben Familie geblieben.

Im Schatten von St. Lamberti: Alte Buchhandlung am Alten Steinweg

Seit 1823 trägt Lambert Raesfeldts Gründung den Namen Regensberg. Das Lebensalter seiner Gründung aber zählt sein Münsterischer Almanach – eine kultur- und kalendergeschichtliche Seltenheit. Er ist bereits im 396. Jahrgang erschienen und gilt als der älteste Kalender Deutschlands.

VOR DEN TOREN DER STADT

„Wie man einst Königsberg die Stadt der reinen Vernunft nannte, so konnte, nein, mußte man Münster die Stadt der reinen Gemütlichkeit nennen. Was war das Leben dort früher gemütlich. Nirgendwo lebte man ein gemütlicheres Familienleben; nirgendwo als zu Münster unter dem Bogen gab es ein gemütlicheres, für die jüngere Welt mit allerlei zärtlichem Beiwerk verbundenes Bummeln, nirgendwo saß man mit solcher von keinem Gedanken an Geschäft und Beruf getrübten Gemütlichkeit im Wirtshause; nirgendwo ging man so oft langsamen Schrittes bis zum nächsten Kaffeehause vor dem Tore, wo es einen so herrlichen Kaffee, so prächtigen Korinthenstuten, so leckere Stippmilch und so deftige Schinkenbutterbröte gab." So hat Hermann Löns, der wichtige Jahre seiner Jugend- und Studentenzeit in der Johanniterkommende in der Nähe des Buddenturmes verbracht hat, Münster und die Münsteraner um die Jahrhundertwende gesehen. Es ist wie ein verspätetes biedermeierliches Genrebild, das er mit ein wenig Ironie und mit viel persönlichem Wohlgefallen an dieser Lebensart gezeichnet hat. Die Münsteraner hingen an dem alten, liebgewordenen Brauch, über einsame Pättkes und romantische Wanderwege durch Feld und Wiese, Busch und Wald nach den vielen gastlichen Kaffeewirtschaften rund um Münster zu wandern, sich dort nach Landessitte zu stärken und, mit sich und dem Münsterlande zufrieden, den Heimweg wieder anzutreten. Ging es noch um die Jahrhundertwende nur bis vor die Tore der Stadt, so wanderte man bald weiter ins Land hinaus bis an Werse, Angel und Ems.

ANNETTES EINSIEDELEI

Auf solchen Wanderungen gibt es nichts Schöneres zu finden als den einsamen Wohnsitz der großen Dichterin des Landes. Der Baumeister Johann Conrad Schlaun (1694–1773), fürstbischöflicher Oberbaudirektor und Oberlandingenieur, dazu

Haus Rüschhaus bei Münster / Annette von Droste-Museum

Annette von Droste-Hülshoff / Gemälde von J. Sprick

Generalmajor und Oberkommandierender der münsterischen Artillerie, erwarb 1743 aus Gräflich Plettenbergschem Besitz ein Landgut, auf dem er sich in den Jahren 1745–1748 ein idyllisches Landhaus mit zwei Nebengebäuden errichtete. Es verleugnet seine Herkunft vom münsterländischen Bauernhaus nicht, steigert vielmehr seinen Stil zu künstlerischer Vollendung. Einsam und geborgen liegt Rüschhaus in der Landschaft des

Münsterlandes, umhegt von hohen Wäldern und friedvollen Kämpen. Wasserrosen blühen auf der Gräfte. Putten träumen im Park. Hier hat nach dem großen Baumeister die große Dichterin ein stilles Heim gefunden. Zwar ist Annette von Droste auf der nahegelegenen Wasserburg Hülshoff am 10. Januar 1797 geboren und auf Schloß Meersburg am Bodensee am 24. Mai 1848 gestorben, aber ihr eigentliches Zuhause ist Rüschhaus gewesen. Im Jahre 1826, nach dem Tode ihres Vaters, zog sie mit Mutter und Schwester in dieses Haus, das ihr Vater als Witwensitz der Familie erworben hatte. Zwei Jahrzehnte hat sie es bewohnt und die meisten ihrer Dichtungen darin geschaffen. Zwar ging einmal in der Woche eine Botenfrau nach Münster, die Briefe und Bücher besorgte, und ab und zu fanden auch liebe Gäste zu ihr, sonst aber war Annette – wenn sie nicht am Rhein oder am Bodensee weilte – ungestört allein in ihrer Einsiedelei „voll Frieden und Sonnenschein, Lerchenwirbel und Nachtigallgesang“. Levin Schücking, der ihr lange Jahre am nächsten stand, hat uns Deutschlands größte Dichterin und ihr Rüschhaus-Stilleben beschrieben: „Diese wie ganz durchgeistigte, leicht dahinschwebende, bis zur Unkörperlichkeit zarte Gestalt hatte etwas Fremdartiges, Elfenhaftes; sie war fast wie ein Gebilde aus einem Märchen. Die auffallend breite, hohe und ausgebildete Stirn war umgeben von einer ungewöhnlich reichen Fülle hellblonden Haares, das zu einer hohen Krone aufgewunden auf dem Scheitel befestigt war. Die Nase war lang, fein und scharf geschnitten. Auffallend schön war der zierliche, kleine Mund mit den beim Sprechen von Anmut umlagerten Lippen und feinen Perlenzähnen. Der ganze Kopf aber war zumeist etwas vorgebeugt, als ob es der zarten Gestalt schwer werde, ihn zu tragen; oder wegen der Gewohnheit, ihr kurzsichtiges Auge ganz dicht auf die Gegenstände zu senken. Zuweilen aber hob sie den Kopf, um ganz aufrecht den zu fixieren, der vor ihr stand; und namentlich dann, wenn sie irgendeine humoristische Bemerkung oder einen Scherz machte; dann hob sich lächelnd ihr Haupt, und wenn sie neckte, lag

Wasserschloß Hülshoff bei Münster

dabei auf ihrem Gesichte etwas von einem vergnügten Selbstbewußtsein, von einem harmlosen Übermut, der aus dem ganz außergewöhnlich großen, trotz seiner Gutmütigkeit so scharf blickenden hellblauen Auge leuchtete." Und derselbe Levin Schücking hat uns auch den Zauber der stillen Landschaft festgehalten, in die er so oft hinausgewandert ist, die große Freundin auf dem „kleinen Edelhof" zu besuchen: „Eine eigentümliche Ruhe und Stille herrschte rings um denselben. Gehölze, Wallhecken und Baumreihen begrenzten überall ganz dicht und nahe den Blick. Nur hier und dort ist ein Ausblick auf ein umwalltes Ackerstück, einen Wiesenfleck und auf eine blaue Hügelreihe jenseits derselben gelassen. Kein Geräusch, als höchstens das Wiehern eines Pferdes, das im Viergespann den Pflug durch die Schollen des schweren lehmigen Bodens auf dem nächsten Kamp zieht, unterbricht diese Stille; oder das Schnattern der Enten, die auf dem schmalen Graben die Wasserlinsen schlucken, das Gegacker eines Huhns, das mit schief gehaltenem Kopf den Habicht erspäht, der hoch über den Eichenwipfeln stumm seine Kreise zieht. Man könnte vergessen in dieser stillen Ländlichkeit, daß es draußen, jenseits der Büsche, noch eine Welt, noch Lärmen und Aufregung gebe!"

DER JÜNGSTE RING

Kehrt man aus dem Rüschhaus-Idyll zurück, so steht am Horizont dasselbe Bild der Stadt, das sich auch Annette geboten hat, wenn sie nach Münster fuhr. Es ist die Silhouette des türmereichen Münster, die sich – aus der Ferne gesehen – kaum geändert hat. Nur einige Wohntürme der Studenten haben sich neben die Kirchtürme gestellt. Nicht, daß die letzten Generationen untätig gewesen wären und keine Spuren hinterlassen hätten. Sie haben die Stadt weitergebaut, wie sie es für schön und richtig hielten – eben im Stil ihrer Zeit, der immer, wenn eine Generation begnadet ist, ein Geschenk des Himmels, wenn sie aber unbegnadet, ein Unglück ist. Münster ist seit Annette größer und anders geworden. Es sind neugotische Kirchen und Schulen, Bahnhöfe und Postämter gebaut worden. Aber sie haben das architektonische Erscheinungsbild der Stadt nicht zu bestimmen vermocht. Vieles ist inzwischen mit untergegangen und hat den Raum freigegeben für neue Gestaltungen. Das erste Jahrzehnt nach dem unerhört zerstörerischen Kriege bot ungewöhnliche Möglichkeiten. Es mußte in einem Ausmaß gebaut werden wie nie zuvor. Dabei konnte der Geist der Gegenwart mit dem Geist der Vergangenheit in Konflikt geraten. Münster ist eine gewachsene und bewahrende Stadt, die lebend sich entwickelt und überkommene Werte hegt und wandelt. Mit seiner großen Geschichte und Kultur steht es mitten im Strom der Zeit. Auch hier setzt das Leben einen Ring nach dem andern an. Neben der pietätvollen Wiederherstellung seiner großartigen Bau- und Kunstdenkmale sind in Münster gute Beispiele neuen Bauens geschaffen worden. Oft ist rühmend von ihnen die Rede, vor allem vom neuen Stadttheater, von der Landwirtschaftskammer, vom Allwetterzoo, vom Großklinikum der Universität und den Instituten der Naturwissenschaftlichen Fakultät und nicht zuletzt von der neuen Landesbank.

Das neue Theater der Stadt Münster, Seitenansicht

Das Stadthaus, Innenhof

DER AASEE

Münster liegt an der Aa. Dieser Fluß sammelt das Wasser aus den Baumbergen und schickt es durch Werse und Ems in die Nordsee. In regenarmen Jahreszeiten ist die Aa nur ein kleiner Bach, der dem Wanderer keine Hindernisse in den Weg legt. Mit einem Satz kann er sie überspringen. Aber in Regenperioden und bei Schneeschmelzen ist sie seit je gefährlich gewesen. Dann führte sie mehr Wasser, als durch ihr Flußbett abfließen konnte. Das hatte zur Folge, daß in den Kellern der Stadt das Wasser stieg, daß aber auch die Wiesen vor dem Ägidiitor überschwemmt waren. Dann brauchte nur Frost dazu zu kommen, und eine spiegelnde Eisfläche lud zum Schlittschuhlaufen, dem „Münsterischen Lieblingsvergnügen“, ein. Darüber ist viel geschrieben worden, so von O. H. Brückmann, der 1863 in Paderborn ein Buch über „Altes und Neues aus dem Münsterlande und seinen Grenzgebieten" veröffentlicht hat. Er berichtet: „Zwischen dem Ägidiitor und dem Abschnittstor dehnt sich eine wohl eine halbe Meile lange und zwanzig Minuten breite Wiesenfläche aus, die vom Herbst bis zum Frühjahr von dem über die Ufer getretenen Aaflüßchen unter Wasser gesetzt ist. Kaum ist diese Wasserfläche im Winter mit einer dünnen Eisdecke überzogen, so dient sie nachmittags, in der Woche wie an Sonntagen, einem guten Teil der Bevölkerung Münsters, alt und jung, vornehm und gering, Männern und Knaben, Frauen und Mädchen, als Stelldichein, die hier einem Münsterischen Lieblingsvergnügen, dem Schlittschuhlaufen und Schlittenfahren, obliegen." Das Schlittschuhlaufen vor den Toren Münsters ist sogar in die Opernliteratur eingegangen. Der französische Bühnendichter Eugen Scribe (Verfasser der berühmten Komödie „Ein Glas Wasser") hat ein Operntextbuch „Der Prophet" (Jan van Leiden) geschrieben. Dieses Libretto diente Giacomo Meyerbeer für seine gleichnamige Oper, die 1849 in der Großen Oper zu Paris uraufgeführt und schon im folgenden Jahr auch an den großen deutschen Opernbühnen Hamburg, Dresden, Berlin, München, Breslau gespielt wurde. Scribe hat münsterische Mädchen beim Schlittschuhlaufen nicht gesehen, aber er hat davon gehört und widmet ihnen, die den Soldaten auf Schlittschuhen Verpflegung bringen, einige rhythmische Verse.

Meyerbeer hat dieses Chorlied noch durch ein hübsches Schlittschuhballett gesteigert. Diese ästhetisch-sportliche Vorgeschichte ist ein verheißungsvoller Auftakt für das, was aus den überschwemmten und zugefrorenen Aawiesen werden sollte. Zu den Schlittschuhläufern gehörte auch Prof. Hermann Landois. Von ihm ist die Anregung ausgegangen, das im Sommer und im Winter in sehr unterschiedlichen Mengen anfallende Wasser der Aa in einem Stausee zu sammeln. Der Vorschlag hat die Münsteraner immer wieder beschäftigt, aber man getraute sich nicht, ihn zu verwirklichen. Denn wer sollte das bezahlen?

Hätte Münster den Oberbürgermeister Sperlich nicht gehabt, dann hätte es heute keinen Aasee. In den zwanziger Jahren wurde damit begonnen, die Aawiesen auszuheben und den kleinen Bach in einen stattlichen Binnensee zu verwandeln. Darüber freuen sich heute nicht nur die Anwohner und die Fußgänger. Der See hat die Wassersportler angezogen. Er ist ein bevorzugtes Sport- und Spielfeld der Paddler, Segler und Ruderer geworden. Eine Spezialwerft am Dümmersee erhielt den Auftrag, einen zünftigen Wasserbus zu bauen, der die Aufgabe hat, den Verkehr zwischen der Goldenen Brücke und dem Allwetterzoo zu übernehmen. Einzige Zwischenstation auf dieser Fahrt: Theo Breiders Mühlenhof.

THEO BREIDERS MÜHLENHOF

Es lohnt sich, an diesem Mühlenhof anzuhalten. Es gibt kein interessanteres Beispiel dafür, was Bürgerinitiative aus Liebe zur Sache zu schaffen vermag, wenn der rechte Mann da ist. Theo Breider ist (wie Hermann Landois) eine einmalige Erscheinung im Leben Münsters und Westfalens. Er ist eine geradezu dynamisch geladene Persönlichkeit, die nicht zu ermüden scheint, als ob er von einem Motor mit vielen Pferdestärken getrieben würde. Vor allem hat er die große Gabe, als Redner Menschen aller Gesellschaftsschichten zu überzeugen, zu begeistern und zu selbstloser Mitarbeit an seinen Plänen zu bewegen. So nur erklärt sich der große Erfolg seiner Arbeit. Fast alle Gebäude, die sich um den Mühlenhof gruppieren, sind Schenkungen, auch die Bockwindmühle selbst. Dasselbe gilt vom Inventar und den volkskundlichen Sammlungen. Die Zahl der Stifter ist groß. Auch die notwendigen Helfer für den Aufbau wußte Theo Breider von Fall zu Fall zu gewinnen. Bauunternehmer und Handwerker, Studenten und Soldaten, Polizei und Feuerwehr, britische und holländische Militäreinheiten stellten sich zur Verfügung und halfen mit an dem Werk. So ist seit 1960 eine gebäudereiche Hofanlage entstanden, ein Freilicht-

Zeichnung von Waldemar Mallek

museum mit reichen Sammlungen. Das Beste aber ist die lebendige Wirkung, die von dieser rustikalen Zelle der urbanen Metropole Westfalens ausgeht. Der Mühlenhof ist eine Stätte internationaler Begegnungen geworden.

DER ALLWETTERZOO

Der alte Westfälische Zoologische Garten an der Himmelreichallee in Münster ist nicht mehr. Als er 99 Jahre alt wurde, mußten alle Tiere ausziehen, und ihre Käfige und Gehege wurden abgebrochen. Das war ein Vorgang, der manchen Münsteraner traurig stimmte. Die Westdeutsche Landesbank legte Wert auf diesen Bauplatz, und wer hätte ihr widerstehen können? Man suchte sich mit dem Unvermeidlichen abzufinden und mit dem Argument zu trösten, daß der alte Zoo eingeengt war und keine Entfaltungsmöglichkeit mehr hatte. Das alles ist nun ganz anders geworden. Die Tiere haben neue Wohnungen bezogen, und räumliche Enge gibt es auf der Sentruper Höhe nicht. Der neue Zoo breitet sich auf einem Gelände von dreißig Hektar aus und bietet Platz für 2000 Tiere. Er soll der modernste Zoo der Welt sein und der einzige Allwetterzoo. Sein Name ist schnell volkstümlich geworden. Er bezieht sich nicht auf die Zoobewohner, sondern auf die Zoobesucher. Sie können bei jedem Wetter diesen Zoo besuchen, ohne befürchten zu müssen, vom Regen überrascht zu werden. Denn sie gehen im Trockenen auf überdachten Wegen. Der Allwetterzoo übt eine außerordentliche Anziehungskraft aus, die weit über Westfalen hinausreicht. In einigen Monaten wurden nicht weniger als eine Million Besucher gezählt, die aus dem ganzen norddeutschen Raum zwischen Hamburg und Frankfurt gekommen waren. Sie alle sind des Lobes voll. Wer aber meint, es wären zu viele Tonnen Zement verbaut worden, der möge die vielen erhaltenen und neu gepflanzten Bäume zählen, die im Gelände stehen. Da sie biologisch begünstigt sind und wachsen, werden sie demnächst die Betonanlagen in doppeltem Sinn in den Schatten stellen.

Was aber ist aus dem ehemaligen Zoogelände geworden? Hier ist etwas ganz Neues entstanden, dem man es nicht ansieht, daß es eine alte traditionsreiche Einrichtung fortsetzt, die in der Geschichte und Struktur Münsters einen ebenso angesehenen Platz einnimmt wie die Zoogründung des Professors Landois. Die interessante Vorgeschichte sollte nicht vergessen werden. Als es nach der Schlacht bei Leipzig darum ging, den europäischen Störenfried in Frankreich selbst endgültig zu besiegen, zogen nicht nur preußische und russische, sondern auch dänische und schwedische Regimenter durch Westfalen. Manche hatten es nicht eilig, legten vielmehr „kurze Tagesmärsche und viele Ruhetage" ein, so daß der Zivilgouverneur v. Vincke namentlich bei den Schweden „absichtliche Zögerung" argwöhnte, „damit diese Truppen nicht zu früh an den Feind kommen". Sie waren denn auch tatsächlich nicht rechtzeitig zur Stelle, um Blücher und Wellington bei Waterloo siegen zu helfen. Auf dem Rückmarsch kamen sie wieder durch Westfalen, und wieder mußten Städte, Dörfer und Bauerschaften die hungrigen Soldaten und Pferde ernähren. Aber die Schweden haben das nicht vergessen und zwölf Jahre später die Zeche bezahlt. Sie überwiesen an den König von Preußen 258 703 Taler, 12 Silbergroschen und 7 Pfennige für requirierte Truppenverpflegung und Vorspanndienste. Die königliche Regierung teilte dem Oberpräsidenten v. Vincke mit, daß der Betrag zu seiner Verfügung stehe. Der aber war der Meinung, daß eine gerechte Verteilung an die wirklich Geschädigten nicht mehr möglich sei, und schlug vor, mit dem Geld eine Hilfskasse zu gründen, die den Gemeinden beim Bau von Straßen und Schulen und bei der Urbarmachung von Land durch Kredite helfen könnte. Die preußische Regierung in Berlin stimmte zu, sie verdoppelte sogar die Summe, und so kam es 1832 zur Gründung der Westfälischen Provinzial-Hilfskasse. Ohne die schwedische Zahlung wäre diese Gründung nicht erfolgt und

Landesbausparkasse / Teilansicht

wohl auch nicht möglich gewesen. Aus dieser Hilfskasse, die bald als zentrale Annahmestelle die Verzinsung der Spareinlagen aller westfälischen Sparkassen übernahm, ist die große Landesbank Westfalen geworden, die 1969 mit der rheinischen Landesbank vereinigt wurde. Seitdem heißt sie Westdeutsche Landesbank und hat ihren Hauptsitz in Düsseldorf, während Münster zum Standort der Landesbausparkasse für Rheinland und Westfalen bestimmt wurde. Als ein Neubau erforderlich wurde, hat sich der beauftragte Architekt Harald Deilmann, der auch den Allwetterzoo erdacht und entworfen hat, etwas Besonderes einfallen lassen. Man steht überrascht und bewundernd vor einer ungewöhnlichen, aber originellen Architektur – großartig in die Landschaft eingefügt, in Terrassen aufsteigend, innen und außen reich gegliedert. Hier ist ein Baukörper entstanden, der unverwechselbar ist und eine baukünstlerische Individualität darstellt.

Münster steckt voller Merkwürdigkeiten! Die Behauptung ist wahr geblieben, obwohl vieles im Wandel der Zeit anders geworden ist. Manches, was verloren schien, konnte wiederkehren, weil es im Bewußtsein des Volkes nicht gestorben war. So auch der Türmer von Lamberti. Wie oft hatten wir ihn blasen hören, wenn wir abends oder mitternachts durch die Straßen der Stadt nach Hause gingen. Wenn der Klang seines Hornes über Altmünster in die vier Winde verhallte, vermeinte man den Atem der ehrwürdigen altersgrauen *Westphaliae metropolis* zu verspüren. Dann hatten die Sirenen des Krieges sein Horn übertönt, die Bomben seine Türmerstube demoliert. Aber er ist so sehr mit dem Charakter der Stadt verbunden, gehört so sehr zum überlieferten lebendigen Brauchtum, daß er als der „höchste" Beamte der Stadt im Jahre 1950 seinen Posten wieder beziehen konnte. Seit einem halben Jahrtausend ist dieses Amt besetzt gewesen. Die erste urkundliche Erwähnung des Turmbläsers stammt aus dem Jahre 1481. Im Laufe der Jahrhunderte ist mancher Türmer bestellt, aber auch mancher seines Amtes enthoben und in den Karzer geschickt worden, weil er seine Amtspflichten vernachlässigt und dadurch die Stadt gefährdet hatte. In seinem Amtseide mußte er geloben, sein Auge alle Zeit wachsam über Stadt und Land schweifen zu lassen und nicht nur ins Horn zu stoßen, wenn die Glocke eine neue Stunde schlägt, sondern auch auf ausbrechende Brände achtzuhaben und rechtzeitig die Torwächter zu warnen, wenn feindliche Truppen zu Fuß oder zu Pferd sich der Stadt näherten. Noch im Jahre 1777 erklärte der Magistrat: „Die ganze Wohlfahrt der Stadt hängt von dem Turmbläser ab." Manche andere Obliegenheit hatte die Stadt ihm aufgetragen. Fast ganz vergessen ist es, daß er auf dem Turm auch ein Glockenspiel, das dem Stundenschlag vorausging, zu betreuen hatte. Nun stößt der Türmer wieder ins Horn. Als symbolischer Vertreter der um das Wohl der Bürgerschaft besorgten Stadtverwaltung hat er seinen Standort

Blick des Türmers über den Prinzipalmarkt

Der Türmer von Lamberti bläst die Stunden über die nächtliche Stadt

hoch oben in der Nachbarschaft der Wiedertäuferkäfige neu bezogen und schickt Nacht für Nacht und Stunde für Stunde den Klang seines Horns über die neu erstandene alte Stadt, die ihren Weg in die Zukunft geht, ohne zu vergessen, woher sie kam.

792 Karl der Große beauftragt den Friesen Liudger mit der Missionierung der Westsachsen oder Westfalen. Liudger, von 805–809 erster Bischof Münsters, baut in Mimigernaford, einer Bauerschaft im alten Bruktererlande, auf einem Hügel an der Aa ein *monasterium* und schützt es mit Wall und Graben. Dieses monasterium = Kloster ist nicht eine Ordensniederlassung im engeren Sinne, sondern ein Kanonikerhaus, in dem Liudger mit seinen Geistlichen und Schülern wie die Mönche eines Klosters ein gemeinsames Leben nach der Chrodegangschen Regel führt. Die *Regula canonicorum* des Kirchenreformers Erzbischof Chrodegang von Metz schloß sich im wesentlichen der Ordensregel des heiligen Benedikt an. So erklärt sich die Bezeichnung *monasterium*, obwohl der Name kein Ordenskloster meint.

1040 Großer Kaiserbesuch. Heinrich III. besucht mit den Großen des Reiches (den Erzbischöfen von Mainz, Köln, Magdeburg und Bremen, den Bischöfen von Bamberg, Minden, Hildesheim, Osnabrück, Lüttich, Zeitz und Schleswig) den Bischof Hermann I., feiert mit ihm das Weihnachtsfest in Münster und nimmt an der Gründung von Kirche und Stift Liebfrauen (Überwasser) teil. Während dieses Kaiserbesuchs wird im Dom zu Münster durch den Erzbischof von Mainz der spätere Papst Klemens II. zum Bischof von Bamberg geweiht.

1090 Bischof Erpho vollendet und weiht den zweiten Dombau, von dem Teile im Westwerk noch erhalten sind.

1110 Bischof Burchard, Kanzler des Reiches und im Investiturstreit Freund der Kaiser Heinrich IV. und Heinrich V., erweitert die Dom-Immunität nach Süden bis zur Rothenburg und umgibt sie mit einer starken Schutzmauer.

1121 Herzog Lothar von Supplinburg, der spätere Kaiser, erobert Münster und zerstört es aufs schwerste.

1150 Wichtigste städtebauliche Entscheidung: Der Bischof gibt die Befestigung der Bischofsburg auf und zieht statt dessen Wall und Graben um die ganze Bürgersiedlung. Der bisherige Wall um die Bischofsburg wird in schmalen Parzellen für die Bebauung freigegeben, während zugleich die Umgrenzung der mittelalterlichen Stadt, die noch heute im Promenadenwall erkennbar ist, grundgelegt wird.

1156 Der große Staufenkaiser Barbarossa besucht das Bistum Münster und feiert mit seinem Freund, dem Bischof Friedrich II., das Osterfest. Die beiden Männer standen sich zeitlebens sehr nahe. Beide waren am selben Tage und am selben Ort inthronisiert worden, der eine als König, der andere als Bischof. Das war im Jahre 1152 in der Kaiserstadt Aachen geschehen. Nach seinem Besuch berief Barbarossa den münsterschen Dompropst als seinen Kanzler. Dieser münstersche Dompropst ist der größte Kanzler des mittelalterlichen Reiches geworden. Es war Rainald von Dassel.

1180 Mit dem Sturz Heinrichs des Löwen, des Herzogs von Sachsen, und der Aufteilung seines Herzogtums schwindet die Autorität eines herzoglichen Landesherrn. Der Bischof von Münster wird selbst Landesherr und Fürstbischof.

1253 Im Zuge der Wirtschaftspolitik der Hanse schließt Münster mit Dortmund, Lippstadt und Soest einen Städtebund, um den Handelsverkehr zu sichern und den Außenhandel zu erweitern, in dem Münster bis in das Jahrhundert des Dreißigjährigen Krieges eine führende Rolle spielt.

1264 Der dritte, im wesentlichen noch heute stehende Dombau, der im Jahre 1225 begonnen war, wird unter Bischof Gerhard von der Mark vollendet und von ihm geweiht.

1350 Vollendung des gotischen Rathauses am Prinzipalmarkt um die Jahrhundertmitte.

1382/3 Pest- und Brandjahre. Erste Große Prozession.

1500 Rudolf von Langen, Propst am Hohen Dom, macht Münster zu einer berühmten Hochburg des Humanismus.

1534/5 Herrschaft und Untergang der Wiedertäufer.

1643 Münster erhält im Dreißigjährigen Krieg den Charakter einer international anerkannten neutralen Stadt. Kaiser Ferdinand spricht sie aller „Pflicht gegen die kaiserliche Majestät und das Reich“ los. Der Bischof als Landesherr tut das gleiche. Beginn des großen Friedenskongresses.

1648 Im Mai Abschluß des Spanisch-Holländischen Friedens. Im Oktober Unterzeichnung der Verträge zwischen dem Kaiser und Frankreich, zwischen dem Kaiser und Schweden.

1661 Als die Kongreßstadt, die aller Pflichten gegen Kaiser und Landesherr ledig gewesen ist, nach Reichsunmittelbarkeit strebt, wird sie vom Landesherrn Christoph Bernhard von Galen gedemütigt. Er läßt am Schoehus, dem Haus der Gesamtgilde, den Spruch anbringen: „Schuster, bleib bei deinem Leisten!“ und degradiert das Rathaus zur Militärwache. Die große Bürgerzeit ist vorbei. Die Zeit absolutistischer Herren und des Adels bricht an. Es wird eine Zeit adeligen Bauens (barocke Kirchen und Adelshöfe).

1757 Im Siebenjährigen Krieg steht Münster infolge eines Bündnisses seines Landesherrn, des Kurfürsten Clemens August von Köln, auf der Seite der Franzosen und des Kaisers gegen die Preußen, Hannoveraner und Engländer. Im Jahre 1757 liegt eine französische Besatzung in der Stadt.

1758 Preußen und Engländer besetzen Münster.

1759 Die Franzosen erobern die Stadt zurück. Die Folge ist eine schwere Belagerung und Beschießung durch die preußisch-hannoverschen Truppen. Namentlich das Martiniviertel hat schwer zu leiden. 200 Häuser, das Lotharinger-Kloster und der Kirchturm von Martini gehen in Flammen auf. Die arg mitgenommene Stadt wechselt wieder den Besitzer. Die Franzosen rücken ab, die Preußen ein.

1764 Franz von Fürstenberg, der kurfürstliche Minister für das Bistum Münster, ordnet die Schleifung der Festungsanlagen an. Der ganze Festungsgürtel um die Stadt mit seinen 11 Toren wird niedergelegt, der innere Wall zur Bebauung freigegeben, der äußere in eine Promenade verwandelt. Nur Buddenturm und Zwinger bleiben erhalten.

1767 Der Bau des Schlosses beginnt. Er dauert bis 1773.

1775 Das Komödienhaus wird vom Kurfürsten eröffnet.

1780 Im April 1780 beginnt die Universität Münster ihre Lehrtätigkeit. Sie hat vier Fakultäten und insgesamt elf Professoren; die Medizinische Fakultät nur einen.

1792 Goethe besucht den „Kreis von Münster“.

1794 Die Stadt beherbergt 1100 französische Emigranten.

1802 Blücher rückt mit drei Bataillonen und einem Husarenregiment in Münster ein, um es für Preußen in Besitz zu nehmen. Das Domkapitel protestiert vergebens. Der Reichsdeputationshauptschluß hat beschlossen, in Westfalen die geistlichen Staaten Münster und Paderborn aufzuteilen.

1806 Die Preußen ziehen ab. Truppen Napoleons besetzen die Stadt.

1810 Münster wird dem französischen Kaiserreich zugeteilt.

1811 Durch Dekret Napoleons werden alle Klöster und Stifter aufgehoben. In 23 Kirchen und Kapellen findet kein Gottesdienst mehr statt. Der Domplatz wird Exerzierplatz. Die Conskription wird streng betrieben. Am Domhof steht die Guillotine.

1813 Am 6. November treffen (nach Napoleons Niederlage bei Leipzig) die ersten Kosaken in Münster ein. Sie sind Verbündete im Kampf gegen Napoleon und wollen verpflegt werden. Sie lehnen Fleisch ab, verlangen vielmehr lebendes Vieh, das sie selbst schlachten. Weitere russische und preußische Regimenter folgen.

1815 Münster wird Hauptstadt der Provinz Westfalen.

1818 Die Medizinische und die Juristische Fakultät der Universität werden zugunsten der neugegründeten Universität Bonn aufgehoben. (Daher das geflügelte Wort: „Bonner Riemen wurden aus münsterschem Leder geschnitten".) In Münster bleibt nur ein „Theologisch-Philosophischer Kursus", der sich später Akademie nennen darf.

1826 Im Schloß zu Münster wird der Erste Westfälische Provinziallandtag durch den Landtagsmarschall Freiherrn vom Stein eröffnet. Damit beginnen die Bemühungen um Selbstverwaltung, die schließlich zur Bildung des Provinzialverbandes Westfalen und des nachfolgenden Landschaftsverbandes Westfalen-Lippe geführt haben.

1848 Die Eisenbahnstrecke Münster-Hamm wird eröffnet.

1853 Gaslaternen brennen in den Straßen der Stadt.

1855 Münster zählt in diesem Jahr 22 450 Einwohner. Zur städtischen Verwaltung gehören: 1 Oberbürgermeister, 1 Beigeordneter und 6 Stadträte, 1 Stadtsekretär mit 1 Registrator und 1 Kanzlisten, 1 Kämmerei-Rendant, 1 Polizei-Inspektor, 1 Polizei-Commissär, 1 Polizei-Sekretär; als Unterbediente: 1 Bau-Aufseher, 1 Rathauswärter, 2 Stadt-Diener, 4 Polizei-Sergeanten, 1 Gefangenenwärter, 1 Theatermeister, 1 Turmwächter, 5 Nachtwächter, 7 Torwächter, 4 Holz- und Steinkohlen-Messer, 1 Holzkohlen- und Kalk-Messer, 1 Ausrufer.

1875 Prof. Hermann Landois gründet mit Hilfe seiner „Abendgesellschaft“ den Zoologischen Garten.

1880 Eröffnung der Wasserleitung.

1899 Durch den Bau des Dortmund-Ems-Kanals wird Münster durch eine Wasserstraße mit dem Ruhrgebiet und der Nordsee verbunden.

1902 Die Königliche Theologische und Philosophische Akademie wird durch eine Juristische und Staatswissenschaftliche Fakultät erweitert und zur Universität erhoben.

1914 Münster zählt 100 000 Einwohner. Seine Universität erhält eine Evangelisch-theologische Fakultät.

1925 Eröffnung der Medizinischen Fakultät der Universität.

1927 Anlage des Aasees, der 1934 fertiggestellt wird und über Münster hinaus für den Wassersport (Segelschule, Ruderregatten) Bedeutung gewinnt.

1930 Dr. Heinrich Brüning, ein Sohn der Stadt Münster, wird Reichskanzler.

1933 Clemens August Graf von Galen, Pfarrer von Sankt Lamberti, wird zum Bischof von Münster berufen.

1939 Die Einwohnerzahl der Stadt steigt auf 141 059.

1941/5 Zerstörung der Stadt im Bombenkrieg. 51 % der Gebäude werden vernichtet. 1119 Bürger kommen durch Luftangriffe zu Tode, außerdem 300–400 Soldaten.

1945 Die Stadt zählt am Ende des Krieges nur noch 25 895 Einwohner.

1945 Besetzung der zerstörten Stadt durch alliierte Truppen. Die Besatzungsmacht ernennt eine Provinzialregierung für Westfalen mit dem Sitz in Münster.

1946 Mit der Bildung des Landes Nordrhein-Westfalen verliert Münster das Oberpräsidium. Sein letzter Oberpräsident geht als Ministerpräsident nach Düsseldorf.

1949 Das Oberverwaltungsgericht des Landes Nordrhein-Westfalen wird gegründet mit dem Sitz in Münster.

1952 Münster wird auch Sitz des Verfassungsgerichtshofes, des obersten Gerichtes des Landes Nordrhein-Westfalen.

1953 Neubegründung der westfälischen Selbstverwaltung mit dem Sitz in Münster. Durch die Landschaftsverbandsordnung werden die Aufgaben des alten Provinzialverbandes Westfalen dem neuen Landschaftsverband Westfalen-Lippe übertragen.

1966 Münster zählt 200 000 Einwohner.

1972 An der Universität, der Pädagogischen Hochschule und der Fachhochschule studieren 26 000 Studenten, an der Universität allein 20 110.

1974 Für das Wintersemester 1974/75 lassen sich 34 773 Studenten immatrikulieren: an der Universität 26 852, an der Pädagogischen Hochschule 4 721, an der Fachhochschule 3 200.

1975 Im Zuge der kommunalen Neugliederung des Landes Nordrhein-Westfalen wird der Kreis Münster-Land aufgelöst. Die Gemeinden Albachten, Amelsbüren, Angelmodde, Handorf, Hiltrup, St. Mauritz, Nienberge, Roxel und Wolbeck werden mit Münster vereinigt.
Das Stadtgebiet vergrößert sich dadurch von 73,8 auf 302,2 Hektar.
Die Zahl der Einwohner steigt auf 261 000.
Der Haushaltsplan der vergrößerten Stadt erreicht für 1975 die Etatsumme von 585,7 Millionen DM.

1981 Die Zahl der Einwohner steigt auf 270 000.

1984 Im Sommersemester 1984 studieren in Münster an der Universität 43 000 Studenten, an der Fachhochschule 6 500. Münster ist (nach München) die zweitgrößte Universität in der Bundesrepublik Deutschland.

SCHRIFTTUM ÜBER MÜNSTER

Alpen, J. v.: Leben und Thaten Christoph Bernhards von Galen, Bischofs von Münster, Administrators von Corvey. Münster 1790, Theissing

Beenken, H.: Bildwerke Westfalens. Bonn 1923, Friedrich Cohen

Beisenkötter, Gertrud: Das Schloß zu Münster. Sein Schicksal im Wandel der Zeiten. Münster 1952, Aschendorff

Bergenthal, Josef: Alte und neue Universitäten in Westfalen. Münster 1971, Regensberg

Bergenthal, Josef: Sonderbares Land. Ein Lesebuch von westfälischer Art und Kunst. Münster 4. Aufl. 1967, Regensberg

Bergenthal, Josef: Westfalen in der Geschichte. Münster 3. Aufl. 1969, Aschendorff

Berghaus, K.: Wallfahrt durch's Leben vom Baseler Frieden bis zur Gegenwart. Von einem Sechsundsechziger (anonym erschienen). Leipzig 1862, Costenoble

Bierbaum, M.: Kardinal von Galen. Münster 1947, Regensberg

Bierbaum, M.: Nicht Lob nicht Furcht. Das Leben des Kardinals von Galen nach unveröffentlichten Briefen und Dokumenten. Münster 1957, Regensberg

Born, Fr.: Die Beldensnyder. Ein Beitrag zur Kenntnis der westfälischen Steinplastik im 16. Jahrhundert. Beiträge zur westfälischen Kunstgeschichte Bd. 2. Münster 1905, Coppenrath

Brand, A.: Geschichte des Fürstbistums Münster. 1925, Regensberg

Braubach, M.: Max Franz von Österreich, letzter Kurfürst von Köln und Fürstbischof von Münster. Münster 1925, Aschendorff

Braubach, M.: Die vier letzten Kurfürsten von Köln. Bonn 1931, Röhrscheid

Braubach, M.: Der Westfälische Friede. Münster 1948, Aschendorff

Brühl, H. J.: Die Tätigkeit des Ministers Franz Frhr. von Fürstenberg auf dem Gebiet der inneren Politik. Dissertation, Münster 1905

Burmeister, W. und W. Hege: Die westfälischen Dome Paderborn, Soest, Osnabrück, Minden, Münster. München 1951, Deutscher Kunstverlag

Castelle, Fr.: Das Haus in der Dreizehnmännergasse. Bad Pyrmont 1919, Gersbach

Detten, G. v.: Die Hansa der Westfalen. Münster 1897, Aschendorff

Dickmann, F.: Der Westfälische Frieden. Münster 1959, Aschendorff

Eitel, A.: Von der alten zur neuen Universität. Münster 1953, Aschendorff

Erhard, H. A.: Geschichte Münsters. Münster 1837, Regensberg

Esser, W.: Franz von Fürstenberg, dessen Leben und Wirken. Münster 1842, Deiters

Galland, J.: Die Fürstin Amalie von Gallitzin und ihre Freunde. Köln 1880, Bachem, Schriften der Görresgesellschaft

Gallitzin, Amalie von: Briefwechsel und Tagebücher der Fürstin. Hrsg. von Chr. Schlüter. 3 Bde. Münster 1874/76, Russel

Geisberg, H.: Merkwürdigkeiten der Stadt Münster. Münster 1854, 11. Aufl. 1902, Regensberg

Geisberg, H.: Kurze Chronik der Stadt Münster (Jahr 9–1889). Münster 1889, Regensberg

Geisberg, M.: Die Stadt Münster. Bau- und Kunstdenkmäler, 6 Bde. Münster 1932/1941, Aschendorff

Geisberg, M.: Unser Dom. Münster 1934, Regensberg

Geisberg, M.: Quellen zur Kunstgeschichte der Lambertikirche in Münster. Münster 1942, Aschendorff

Geisberg, M.: Bilder aus dem alten Münster. Münster 1969, Aschendorff

Grüter, J.: Johann Kuper und die Holzschnitzereien der Renaissance in Münster während des 16. Jahrhunderts. Beiträge zur westfälischen Kunstgeschichte Bd. 6. Münster 1914, Coppenrath

Gruna, Klaus: Der Architekt Heinrich Benteler. Münster 1974, Regensberg

Guilleaume, F.: Münster und seine nächsten Umgebungen in malerischen Original-Ansichten nach der Natur aufgenommen von J. F. Lange und in Stahl gestochen von verschiedenen Künstlern. Mit einem historisch-topographischen Texte (anonym erschienen). Münster 2. Aufl. 1855, Regensberg

Haas-Tenckhoff, Br.: Münster und die Münsteraner in Darstellungen aus der Zeit 1800 bis zur Gegenwart. Münster 1924, Coppenrath

Hager, W.: Münster in Westfalen. München 1961, D. Kunstverlag

Hawlitzky, O.: Unser schönes Münster. Münster 1929, Regensberg

Hövel, E.: Führer durch das alte Münster. Münster o. J., Aschendorff

Hövel, E.: Münster. Münster 1947, Regensberg, Kreis- und Stadthandbücher des Westfälischen Heimatbundes, Bd. 3

Hövel, E. (Hrsg.): Pax optima rerum. Beiträge zur Geschichte des Westfälischen Friedens 1648. Münster 1948, Regensberg

Huch, Ricarda: Im Alten Reich. Lebensbilder deutscher Städte. Leipzig 1927, Grethlein

Hüffer, H.: Annette von Droste-Hülshoff und ihre Werke. Gotha 1911, F. A. Perthes

Humborg, Ludwig: Historischer Bummel durch Münsters Altstadt-Straßen. Münster 1973, Aschendorff

Huppertz, A.: Münster im Siebenjährigen Kriege. 1908, Coppenrath

Katerkamp, Th.: Denkwürdigkeiten aus dem Leben der Fürstin Amalie von Gallitzin. Münster 1828, Theissing

Kerssenbroick, H. v.: Geschichte der Wiedertäufer zu Münster in Westfalen, hrsg. von S. P. Widmann. Münster 1928, Aschendorff

Keyser, E.: Westfälisches Städtebuch. Stuttgart 1954, Kohlhammer

Kirschweng, J.: Das Leben des heiligen Liudger von Altfried. Essen 1934, Fredebeul & Koenen

Klein, Joh.: Die Skulpturen des dreizehnten Jahrhunderts im Dome zu Münster. Dissertation, Berlin 1914

Klocke, Fr. v.: Westfalen und der deutsche Osten. 1940, Coppenrath

Kohl,Wilhelm: Christoph Bernhard von Galen. Politische Geschichte des Fürstbistums Münster 1650–1678. Münster 1964, Regensberg

Krass, M.: Du hast mich über vieles eingesetzt. Bilder aus Leben und Dichtung der Droste. Münster 1947, Regensberg

Löffler, Kl. (Hrsg.): Die Wiedertäufer zu Münster 1534/35. Berichte, Aussagen und Aktenstücke von Augenzeugen und Zeitgenossen. Jena 1923, Eugen Diederichs

Löns, Hermann: Nachgelassene Schriften. Hrsg. von W. Deimann. 2 Bde. Leipzig o. J., Hesse & Becker u. A. Sponholtz-Hannover

Lucas, B.: Der Buchdrucker Lambert Raesfeldt. Ein Beitrag zur Buchdruckereigeschichte Münsters im 16. und 17. Jahrhundert. Dissertation. Münster 1929, Regensberg

Müller, E.: Die Adelshöfe der Stadt Münster. 1930, Aschendorff

Mundt, E.: Die westfälischen Hallenkirchen der Spätgotik (1400 bis 1550). Lübeck 1959, Matthiesen

Nadler, J.: Johann Georg Hamann. Salzburg 1949, Otto Müller

Philippi, Fr.: Der Westfälische Friede. Münster 1898, Regensberg

Pieper, A.: Die alte Universität Münster 1773–1818. Münster 1902, Regensberg

Pieper, P.: Der Dom zu Münster. Bilder von W. Rösch. Münster 1966, Aschendorff

Plassmann, J. O.: Geschichte der Stadt Münster in Westfalen. Münster 1925, Theissing

Portmann, H.: Der Bischof von Münster. Münster 1946, Aschendorff

Prinz, J.: Münster. Münster 1957, Westfälische Vereinsdruckerei

Prinz, J.: Das Rathaus zu Münster. Münster 1958, Aschendorff

Prinz, J.: Mimigernaford – Münster. Die Entstehungsgeschichte einer Stadt. Münster 1960, Aschendorff

Prinz, J. (Hrsg.): Ex officina literaria. Beiträge zur Geschichte des westfälischen Buchwesens. Münster 1968, Regensberg

Rave, W.: Westfälische Kunststätten im Untergang und Wiederaufbau. Münster 1950, Aschendorff

Rave, W.: Westfälische Baukunst. Münster 1953, Coppenrath

Reinhard, E.: Die Münsterische „Familia sacra". Der Kreis um die Fürstin Gallitzin: Fürstenberg, Overberg, Stolberg und ihre Freunde. Münster 1953, Regensberg

Rensing, Th.: Johann Conrad Schlaun. Leben und Werk des westfälischen Barockbaumeisters. München 1954, Deutscher Kunstverlag

Riewerts, Th. und P. Pieper: Die Maler tom Ring. München 1950, Deutscher Kunstverlag

Savels, C. A.: Der Dom zu Münster. Münster 1904, Regensberg

Schmedding: Die Kämpfe um den Ausbau der Westfälischen Wilhelms-Universität zu Münster. Schriften der Gesellschaft zur Förderung der Westfälischen Wilhelms-Universität zu Münster, Heft 3

Schmeddinghoff, A.: Das Bistum Münster im Wandel der Zeiten. In: Das Bistum Münster. Berlin-Wilmersdorf 1934, Archiv-Gesellschaft für kirchliche und caritative Monographien der Bistümer

Schmitz, H.: Münster. Leipzig 1911, Seemann

Schmitz-Kallenberg, L. (Hrsg.): Aus dem Briefwechsel des Magus im Norden. Münster 1917, Coppenrath

Schröer, A.: Der Hohe Dom zu Münster. Sein Stirb und Werde in der Not unserer Zeit. Münster 1947, Regensberg

Schröer, A. (Hrsg.): Monasterium. Festschrift zum 700jährigen Weihegedächtnis des Paulus-Domes zu Münster. Münster 1966, Regensberg

Schücking, L.: Annette von Droste. Ein Lebensbild. Leipzig 1942, Koehler & Amelang

Schücking, L. E. L.: Christoph Bernhard von Galen. Emsdetten 1940. H. & J. Lechte

Schulte, A.: Aus dem alten Münster. Münster 1936, Aschendorff

Schulte, E.: Kurzgeschichte der Stadt Münster. Berlin 1938, Weise

Schulte Kemminghausen, K.: Annette von Droste-Hülshoff. Leben in Bildern. München 1954, Deutscher Kunstverlag

Schulte Kemminghausen, K. (Hrsg.): Die Briefe der Annette von Droste-Hülshoff. 2 Bde. Jena 1940 Eugen Diederichs

Seiler, H.: Münster. Die alte Stadt. Münster 1948, Aschendorff

Tibus, A.: Die Stadt Münster. Münster 1882, Regensberg

Trunz, E.: Fürstenberg, Fürstin Gallitzin und ihr Kreis. Münster 1955, Aschendorff

Tücking, K.: Geschichte des Stifts Münster unter Christoph Bernard von Galen. Münster 1865, Aschendorff

Wackernagel, M.: Münster. Berlin 1931, Deutscher Kunstverlag

Werland, P.: Münster und seine Bewohner 1803–1810. Nach Karl Berghaus' Wanderungen. Münster 1925, Greve

Werland, P.: Rathaus und Friedenssaal zu Münster. 1948, Regensberg

Werland, Walter: Münster – so wie es war. Düsseldorf 1970, Droste

Wieschebrink, Th.: Der St.-Paulus-Dom zu Münster. 1958, Aschendorff

Wieschebrink, Th.: Die astronomische Uhr im Dom zu Münster. Münster 1967, Aschendorff

Wilhelm-Kästner, K.: Der Dom zu Münster in Westfalen. Berlin 1921, Deutscher Kunstverlag

Winckler, Josef: Der tolle Bomberg, ein westfälischer Schelmenroman. Stuttgart 1924, Deutsche Verlagsanstalt

HERKUNFT DER ABBILDUNGEN

Christoph Bathe: Seite 59, 62, 76, 91

Bildarchiv der Stadt Münster: Seite 8 (E. Krahn), 10, 16, 17 (Eckhart Breider), 21, 24, 29 (Chr. Bathe), 31 und 33 (Dr. Herwig Happe), 37, 38, 39, 43, 45, 47 (E. Angenendt), 49, 56/57 (Luftbild: M. Franke. Freigegeben durch den Regierungspräsidenten in Münster), 67, 69 bis 72, 74, 79, 81 (Rudolf Lindemann), 98 (Manfred Lott), 100, 107, 109, 113, 115, 119 (Herwig Happe), 125 (J. Dürrich), 126 und 135 (M. Lott)

Anni Borgas: Seite 27, 96 / Hermann Greve: Seite 61

Landesdenkmalamt Westfalen-Lippe: Seite 19, 25, 52, 54, 68, 77 (Chr. Bathe), 83, 89, 120, 122

Landesmuseum für Kunst und Kulturgeschichte Münster: Seite 40/41, 50, 87

Landesmuseum für Naturkunde Münster: Seite 111

H. Muddemann: Seite 15, 28 / Carl Pohlschmidt: Seite 65, 124

Wilhelm Rösch: Seite 53, 117 / Paul Schwering: Seite 64

Rudolf Wakonigg: Seite 130

Der Holzschnitt vom Friedensreiter auf Seite 23 befindet sich im Germanischen Museum in Nürnberg.

Die Abbildungen auf den Seiten 38 und 39 sind einer späteren Ausgabe der Wiedertäuferchronik von Hermann Kerssenbroick entnommen.

DIESES BUCH VON JOSEF BERGENTHAL
liegt in vier Sprachen vor.

Es ist aus dem Deutschen ins Englische, ins Französische und ins Holländische übersetzt worden.

Dies sind die Titel der vier Ausgaben:
MÜNSTER STECKT VOLLER MERKWÜRDIGKEITEN

MÜNSTER – CURIOSITIES AND TREASURES
Translated by Sylvia Furness, Edinburgh

MÜNSTER – SES CURIOSITÉS ET SES TRÉSORS
Traduit en français par Anne-Marie Klopp-Paget, Orléans

MÜNSTER ZIT VOL MERKWAARDIGHEDEN
Vertaald door Charlotte Skoppek, Münster

VERLAG REGENSBERG MÜNSTER/WESTFALEN